天才打者イチロー4000本ヒットの秘密

プロフェッショナルの守護霊は語る

大川隆法
Ryuho Okawa

本霊言は、2013年8月27日（写真上・下）、幸福の科学総合本部にて、
質問者との対話形式で公開収録された。

まえがき

スポーツ選手の霊言《れいげん》もしくは守護霊霊言《しゅごれいれいげん》は、私にとって本書が初めてとのことである。それもそのはず、スポーツ選手は、身体能力で自己表現するのであって、人生哲学や思想まで持っている人は少ないのが本当だろう。

しかし、米大リーグで日米通算4000本安打を放って世界記録を目指すイチローには、学ぶべき点が多々あり、彼自身にも語るべきことが必ずやあるだろう。彼には、「プロフェッショナルへの道」を語る資格があると思う。読者の多くも何か仕事に活《い》かせるヒントやコツのようなものを聞きたいのではないかと思う。

本書に示されるイチローの守護霊の言葉は、修行者のようで、何か宗教家のようなストイックさを感じさせる。これ以上多くは語るまい。まずは、ご一読願いたい。

二〇一三年　九月三日

幸福《こうふく》の科学《かがく》グループ創始者兼総裁《そうししゃけんそうさい》　大川隆法《おおかわりゅうほう》

天才打者イチロー ４０００本ヒットの秘密　目次

まえがき　1

天才打者イチロー 4000本ヒットの秘密

——プロフェッショナルの守護霊《しゅごれい》は語る——

二〇一三年八月二十七日　イチロー守護霊の霊示《れいじ》

東京都・幸福の科学総合本部にて

1 「ザ・プロフェッショナル」に意見を訊《き》く　13
「世界記録」を狙《ねら》える位置にいるイチロー選手　13
天才打者イチロー選手の守護霊を招霊《しょうれい》する　16

2

「勝負師の志《こころざし》」を明かす 20

「四千本安打程度で〝天狗《てんぐ》〟になったら、人間終わりだ」 20

欲を抑《おさ》えるイチロー流「無我《むが》の境地」とは 29

「自分の記録を伸《の》ばしてチームの勝率に貢献《こうけん》」というマインド 34

プロフェッショナルは、自分に厳しくなければ〝腐敗《ふはい》〟する 40

3

大リーグでの成功の秘密 44

「細《ほそ》いバット」へのこだわりが生む「匠《たくみ》の技《わざ》」 44

「ギリギリ負けない戦い方」がヒットを生む秘訣《ひけつ》 48

訓練どおりにやって、訓練どおりに終わっていく 52

4

「超《ちょう》一流」の条件とは 55

小学三年生の時から一日も練習を休んでいない!? 55

「ボールの縫《ぬ》い目のどこを打てば、どこに飛ぶかは分かる」 60

「ここ一番」で打つのが一流のプロ　65
背中に〝千の目〟を持つイチローの極意《ごくい》　68
「自分の姿が透明《とうめい》になっていく」　72

5 スランプを乗り越《こ》える〝最終兵器〟　77
「本来の自己」を知っているかどうかがカギ　77
スランプの時には「弱点」を小さくする工夫《くふう》を　79

6 鍛練《たんれん》で身につけた〝超能力〟　83
周囲の反対を押《お》し切って完成した「振《ふ》り子打法」　83
自分の型《かた》を押《お》し通す「強さ」が超一流を生む　88
「才能プラス訓練」が生んだイチローの動体視力《どうたいしりょく》　91
日常生活でも「さまざまなアングル」から見る訓練をしている　93
一定の「壁《かべ》」を超えた時に〝超能力〟が可能となる　96

イチロー流「肉体鍛練法」 99
プロは「恐怖《きょうふ》」を「練習」で乗り越《こ》える 101
練習重視の日本、休み重視のアメリカ 103

7 世界の頂点に立つ極意 105

イチロー守護霊が語る「日米の精神性の違《ちが》い」 105
世界で超一流になるために必要な「燃え尽《つ》きない工夫」 108
「ロッキー」はプロとしては失格!? 112
「メンタル」面から見て、星飛雄馬《ほしひゅうま》と花形満《はながたみつる》、どちらが上？ 116
深く悩《なや》んだ分だけ「選手生命」が長くなる 117
国民栄誉《えいよ》賞を辞退した「真の理由」とは？ 119
世界の超一流とは「神」になること 122

8 イチローの過去世《かこぜ》は有名な「剣豪《けんごう》」 125

王貞治《おうさだはる》の過去世《かこぜ》は「北辰一刀流《ほくしんいっとうりゅう》」の千葉周作《ちばしゅうさく》、イチローは？　125
「一撃必殺《いちげきひっさつ》」でなければ自分が敗れる　131

9　ヤンキー・スタジアムなど小さい！　136

今、日本的精神でアメリカを〝斬《き》り拓《ひら》いて〟いる　136
ヤンキー・スタジアムが大きく見えるなら超一流にはなれない　138
プロフェッショナルとしての「厳しさ」を持て！　145
イチローのバットは「ライトセーバー」？　147

10　「世界最高」を目指そう！　152

大川隆法に対して感じている「いいもの」　152
禅宗《ぜんしゅう》の僧侶《そうりょ》としても過去に転生《てんしょう》していた　154
「スポーツ霊界《れいかい》」はどんな世界？　157
ただただ道を究《きわ》めていくなかで「批判」が「称賛《しょうさん》」に変わる　159

野球の本場アメリカで活躍《かつやく》し、「日本の自信」を取り戻《もど》したい　162
あとがき　166

「霊言現象《れいげん》」とは、あの世の霊存在の言葉を語り下ろす現象のことをいう。これは高度な悟《さと》りを開いた者に特有のものであり、「霊媒現象《れいばい》」（トランス状態になって意識を失い、霊が一方的にしゃべる現象）とは異なる。

また、人間の魂《たましい》は原則として六人のグループからなり、あの世に残っている「魂の兄弟」の一人が守護霊《しゅごれい》を務めている。つまり、守護霊は、実は自分自身の魂の一部である。したがって、「守護霊の霊言」とは、いわば本人の潜在《せんざい》意識にアクセスしたものであり、その内容は、その人が潜在意識で考えていること（本心）と考えてよい。

なお、「霊言」は、あくまでも霊人の意見であり、幸福の科学グループとしての見解と矛盾《むじゅん》する内容を含《ふく》む場合がある点、付記しておきたい。

天才打者イチロー 4000本ヒットの秘密

――プロフェッショナルの守護霊《しゅごれい》は語る――

二〇一三年八月二十七日　イチロー守護霊の霊示《れいじ》

東京都・幸福の科学総合本部にて

イチロー（本名　鈴木一朗《すずきいちろう》）（一九七三〜）

プロ野球選手（外野手）。日米両国で活躍《かつやく》し、二〇一三年現在、ニューヨーク・ヤンキースに所属。スピードや強肩《きょうけん》、芸術品のように完成された打撃技《だげき》術で野球ファンを魅了《みりょう》し続けるオールラウンドプレーヤーである。メジャーリーグでは「シーズン最多安打」（二百六十二安打）や「十年連続二百安打」など、多数の記録を保持。八月二十一日には、「日米通算四千安打」を達成した。

質問者　綾織次郎《あやおりじろう》（幸福の科学上級理事　兼《けん》「ザ・リバティ」編集長）

大川真輝《おおかわまさき》（幸福の科学副理事　兼　総裁室部長）

斎藤哲秀《さいとうてっしゅう》（幸福の科学編集系統括《とうかつ》担当専務理事）

［質問順。役職は収録時点のもの］

1 「ザ・プロフェッショナル」に意見を訊《き》く

「世界記録」を狙《ねら》える位置にいるイチロー選手

大川隆法　この八月に、ヤンキースのイチロー選手が「四千本安打」を達成いたしました。これは、歴代で二人しか達成していない記録です。イチロー選手は、日米通算ではあるものの、四千本台に到達《とうたつ》した選手としては三人目になるわけです。

彼は、アメリカに移籍《いせき》してからも、年間二百本安打を十年ほど続けていますので、日本での記録が含《ふく》まれていることが「フェアではない」とは言えないのではないでしょうか。

通算安打記録のトップが四二五六本ですから、そこまで、あと二百数十本ということになります。今期にも、まだ出場機会が残っていますし、来年には、第二位のタイ・カップの記録（四一九一本）を抜《ぬ》くのは、ほぼ確実でしょう。もちろん、「故障せず、最終戦まで出場できた場合」ではありますが、あと一年間プレーすれば、タイ・カップを超《こ》えて二位となり、さらに「トップを狙《ねら》えるかどうか」という位置に来ています。

このように、日本人から「世界記録」が出る可能性が極《きわ》めて濃厚《のうこう》になってきました。それは、ここ一、二年以内の話だと思います。

プロ野球選手は、だいたい四十歳《さい》ぐらいが現役《げんえき》引退のめどではあるので、現在、三十九歳の本人としても、体力・精神力の限界との戦いでしょう。

ただ、私には、野球そのものについて、電車のなかでスポーツ紙を読みふけっているサラリーマンほどの知識はありませんので、語るほどの資格がないことを申し訳なく思います。毎日、スポーツ紙を読んでいる方であれば、さぞかし詳《くわ》しいのでしょうが、それほどの知識はなく、ニュース程度でしか存じ上げません。

そういう意味では、野球全体に関心があるわけではありませんが、イチロー選手に関しては、やや違《ちが》う面を感じています。彼には、普通《ふつう》の野球選手とは違う、「求道者《ぐどうしゃ》のような姿」というか、「ザ・プロフェッショナル」という感じの何とも言えない雰囲気《ふんいき》がありますし、野球をはじめとするスポーツ選手にとっても、あるいは、ビジネスマンや経営者にとっても、後ろ姿で人々を導くようなものがあるのではないかと感じます。

また、インタビューの様子等を見ましても、「政治家や広報系の人は、このくらい上手に受け答えしてもらいたいものだな」と思うぐらい、そつのない受け答えをなされます。

おそらく、精神力も、そうとう練《ね》っているのではないでしょうか。

天才打者イチロー選手の守護霊《しゅごれい》を招霊《しょうれい》する

大川隆法　ただ、地上に生きておられる本人が、かなり寡黙《かもく》な方《かた》ではありますので、饒舌《じょうぜつ》に、一方的に話すような感じにはならないのではないかと推定します。

もちろん、守護霊《しゅごれい》は違うかもしれませんが、上手な質問をしないと本音を引き出せない可能性は高いでしょう。やはり、守護霊も本人同様、寡黙である可能性がありますし、あまりにイージーな質問であれば、軽く〝流し打ち〟されて、本心にアクセスできないままで終わるかもしれません。

とにかく、イチローについては、すでに多くの伝説があり、いろいろなものに書かれたり、テレビ番組等がつくられたりはしていますが、当会特有の〝取材〟のやり方がありますので、ほかでは知ることができない素顔《すがお》の一面というか、本心についてアクセスをしてみます。

そして、野球にかぎらず、プロフェッショナルを目指す多くの人たち、本物の仕事師を目指す人たち、あるいは、世界のトップ、頂点を目指す人たちにとっても参考になるような考え方、アイデア等を、さまざまなものに応用できるところまで引き出せたら成功だと考えております。

ちなみに、「どこそこのチームとのゲームで、何対何だったときに、どんな感じで打ちましたか」などと、（野球について）あまり細かいことを訊《き》かれても、私には分からないことがありますので、そういうものはご勘弁《かんべん》ください。やはり、「もっと普遍性《ふへんせい》や精神性があり、後世の人や、万人《ばんにん》に遺《のこ》せるようなもの、宗教家が行《おこな》ってもおかしくないようなものにしたい」と思っておりますので、よろしくお願いいします。

ちなみに、私の予想ですけれども、普通の人が出てくることはないでしょう。たぶん、その道を究《きわ》めたような感じの人が出てくると思われます。

それでは呼びます。

（合掌《がっしょう》し、瞑目《めいもく》する）

ニューヨーク・ヤンキースにおいて現在活躍《かつやく》中であり、日米通算四千本安打を達成いたしました、天才打者イチロー選手の守護霊よ。

幸福の科学総合本部にて、その「成功の秘密」や「プロフェッショナルの秘密」について、率直《そっちょく》なご意見等をお聞かせいただければ幸いであります。

イチロー選手の守護霊よ。

イチロー選手の守護霊よ。

どうか、幸福の科学総合本部にご降臨たまいて、われらに、その「仕事の本質」について、「人生の秘密」について、お教えくだされば幸いです。

イチロー選手の守護霊よ。
イチロー選手の守護霊よ。
どうか、幸福の科学総合本部においでいただき、われらにご指導くださいますことを、心の底よりお願い申し上げます。

（手を二回打つ）

（約五秒間の沈黙《ちんもく》）

2 「勝負師の志《こころざし》」を明かす

「四千本安打程度で〝天狗《てんぐ》〟になったら、人間終わりだ」

イチロー守護霊　イチローの守護霊ですが。

綾織　こんにちは。

イチロー守護霊　うん。

綾織　本日は、シーズン中ではありますけれども、たいへん貴重な霊言《れいげん》の機会を賜《たまわ》りまして、本当にありがとうございます。

イチロー守護霊　うーん。まあ、こういうところで答えてよいのかな。

綾織　地上のご本人も、いろいろな取材でお話しされていますので、今日は、守護霊様から、さらに、イチロー選手の言葉の奥《おく》にあるものをお伺《うかが》いしたいと思います。

イチロー守護霊　うーん……。まあ、よいか。よいとするか。

綾織　ありがとうございます。

イチロー守護霊　うん。

綾織　まずは、四千本安打達成、おめでとうございます。
これは、日本人にとりましても、また、アメリカ人にとりましても、非常に画期的な記録でございますし、これからさらに記録を伸《の》ばしていかれることを期待しております。

イチロー守護霊　いやあ、たかが四千本ですよ。

綾織　そうですか。

イチロー守護霊　ええ。君ねえ、一万本打ってから言ってくれ。

綾織 （笑）なるほど。

イチロー守護霊 四千本打ってもねえ、八千本空振《からぶ》りして、言われたくはないよ。

綾織 そうですか。

イチロー守護霊 うーん。

綾織 それくらいの高い目標を持って、取り組んでいらっしゃる……。

イチロー守護霊 うーん、こんなものじゃあ、まだまだ……。

日米通算で、こんな程度の記録で〝天狗《てんぐ》〟になったら、人間、終わりだよ。あっという間に忘れ去られる。こんなものでは駄目《だめ》だ。

綾織　なるほど。四千本安打を達成されたあとの記者会見で、話された言葉が非常に印象的でした。「四千本打つのに、その裏で八千回以上の悔《くや》しい思いをした」と。

イチロー守護霊　そうなんだよ。恥《は》ずかしい思いをねえ。塁《るい》に出られずにスゴスゴと帰っていくときは、獲物《えもの》を獲《と》れずに戻《もど》ってきた狩人《かりゅうど》みたいなものだな。もう、ご飯もまずくなるし、悔しいよな。一晩悔しいよ。次の試合でヒットを打つまでは、その悔しさは消えないな。

綾織　「その悔しさやつらさに向き合ってきたことが誇《ほこ》りだ」とおっしゃっていましたが、これは、一つの「悟《さと》りの言葉」なのではないかと思います。

イチロー守護霊　いやあ、その「八千」と「四千」が逆なら、まだ少しは救われるがな。「八千本安打を達成し、四千本ぐらいがヒットにならなかった」というなら、まあ、勝ち越《こ》しだよな。

だけど、「負け越してほめられる」っていうのは、どうも性《しょう》に合わんなあ。試合で言えば、「四千回勝って、八千回負けた」と。これは、やっぱり、たまらないなあ。え？　これで「プロフェッショナル」って言われたらねえ、プロの名が泣くよ。

綾織　ただ、野球の打者というのは、基本的に、五割以上を打つことが難しいのでは……。

イチロー守護霊　打ったっていいじゃないか。

綾織　そうですか（笑）。

イチロー守護霊　打てないほうがおかしいんだよ。「五割打てない」っていうことは、「投手が勝《か》ってる」っていうことだから。だろう？　違《ちが》うか？

綾織　まあ、そうですね（笑）。

イチロー守護霊　「五割一分《ぶ》」でもいいが、勝ち越さなければ負けだ。

綾織　なるほど。

イチロー守護霊　負けてるけども、「比較《ひかく》的、負けが少ない」ということで、ほめられている。こういうことだな？　三回試合して二回負けるようじゃ駄目だね。これは、冗談《じょうだん》じゃないよ。

綾織　なるほど。

イチロー守護霊　そんなもの、ほかのスポーツに置き換《か》えてごらんよ。三回のうち、二回負けたら、それは駄目だよ。

綾織　しかし、サッカーであれば、シュートが十本に一本入ればよいわけですから（笑）。

イチロー守護霊　まあ、そういう言い方もあるけどね。でも、十本も打つなよ。一発で決めなきゃ駄目だよ。

綾織　一発必中《ひっちゅう》で？

イチロー守護霊　一発必中だよ。球を渡《わた》されたら必ずゴールしなきゃ駄目だよ。「十本打って一本」なんて（笑）、こんなの、プロのうちに入らないよ。草野球というか、素人《しろうと》のサッカーに近いよな。

まあ、ほめられるのはありがたい。ただ、ほかの人ができないから、比較してそう言われているだけであって、勝負としては、五割を超《こ》えなければ、「勝った」とは言えない。

欲を抑《おさ》えるイチロー流「無我《むが》の境地」とは

綾織　その「勝負」ということについてお訊《き》きします。数々のヒットのなかでも、ご自身で納得《なっとく》する場合もあれば、そうでない場合もあると思うのですけれども、ご自身にとって、納得する打撃《だげき》とは、どういうものなのでしょうか。

イチロー守護霊　うーん。やっぱり、「無我《むが》の境地」だと思うな。

やはり、人間、欲があるからね。打てそうな球が来たときには、一塁打《いちるいだ》よりは二塁打、二塁打よりは三塁打、三塁打よりホームランを打ちたいよな。

綾織　はい。

イチロー守護霊　個人としての記録を考えれば、当然、そういう気持ちは出る。まあ、私は、個人としての記録を伸ばすことに執心《しゅうしん》してるように見えてるかもしれないけれどもね。

ただ、「本来、三塁打やホームランを狙《ねら》えるかもしれない」と思う球でも、それを狙って打ったら、場合によっては、ギリギリいっぱいの大きな外野フライで終わってしまう可能性はあるよな。その、ほんの一メートル、二メートルのわずかな差で、外野フライで捕《と》られたら、何にもならないことになる。

まあ、もちろん、二塁か三塁にランナーがいるんだったら、点が入るかもしれないから、打つ意味はあるよ。その場合だったら、思い切って大きいのを打ちますけどね。捕られるとしてもね。その場合はよろしい。

でも、そうではない場合もある。今まで、私の前に、ランナーがたくさんたまってるようなことは、めったにあるものではなくて、自分が出なきゃいけないことのほうが多かったからね。全体を見るかぎり、「まずは、自分が塁に出るのが大事だ」っていうことが多かった。まあ、昔は（打順が）「一番」とかが多かったのでね。

そういう意味で、もっと長打が打てる可能性があるにもかかわらず、あえてそれを自制して、できるだけ百パーセントに近いヒットに持っていく。このあたりの一瞬《いっしゅん》の「自制心」のところな。これがいちばん難しいんだ。

綾織　なるほど。

イチロー守護霊　「単打でも構わないけど、絶対にヒットにする」っていうの？「ここに打てば捕れない」っていうところがあるからね。向こうの守備位置を見て、球のコースと速さを見て、「ここに落としたら、絶対にヒットになる」っていうところはある。

だから、もっと打つことができるにもかかわらず、それを確実にヒットにして、一塁は取る。まあ、向こうのエラーの仕方によっては、二塁まで行けますよ。足が速いからね。

ここの「自制心の利《き》かせ方」、零《れい》コンマ一秒ぐらいの「自制心の利かせ方」が、実はいちばん難しいところだ。

綾織　つまり、ホームランを打てるかもしれない球を、あえて内野ゴロにしてしまうような……。

イチロー守護霊　そう。かつて、ジャイアンツとヤンキースにいた松井《まつい》（秀喜《ひでき》）選手なら、「必ずホームランを狙うだろう」という球はあると思う。

だが、私は、その球でも、八十パーセントぐらいの自信がなければ、ホームランは狙わない。

綾織　そういう球でも、あえてバントをするような判断を……。

イチロー守護霊　まあ、バントにするかどうかは知らないけれども、「捕られる可能性が高い」と見た場合には、やはり、ホームランへの欲望を抑《おさ》えてでも、ヒット狙いに変えます。

「自分の記録を伸《の》ばしてチームの勝率に貢献《こうけん》」というマインド

綾織　なるほど。ただ、そうした「一塁に出ることへのこだわり」については、普通《ふつう》のバッターであれば、「そこまでしなくても……」と思うのではないでしょうか。要は、「打てるのであればいいじゃないか」という考え方になると思うのですけれども……。

イチロー守護霊　いや、足がそこそこ速いので、一塁に出れば、盗塁《とうるい》して二塁も取れる。だから、単打で出ても、私の場合には結果的に、二塁打を打ったのと同じぐらいのものがあるのでね。

つまり、走れば二塁までは行けるので、得点圏《けん》に進める。自力で得点圏まで進んだら、あとは、残りの打者が、とにかく大きなフライかヒットを打ってくれれば、本塁を取れる。やっぱり、これが「勝負師の志《こころざし》」じゃないかな。

綾織　これは意外ですね。イチロー選手というと、ともすれば、ご自身がヒットを打つことに異常なこだわりを見せる反面、「チームプレーや、チーム全体に対するこだわりは少ないのではないか」と見られる向きもありました。

イチロー守護霊　いやあ、そうではなくてね、私はチームのことを考えてるよ。やはり、チームのことを考えて、使命を果たしている。

ただ、去年、ヤンキースに入ってからは、やっぱり強いチームなので、なかなか、頭のほうで使ってもらえないことが多くてね。毎回毎回、出られるかどうかも不安な状況《じょうきょう》で、厳しいプレッシャーがかかっているし、年齢《ねんれい》的にも、先ほどご紹介《しょうかい》があったように、そろそろ、使い捨てられる年が近づいてきているのでね。

本当に、「スタメンに出てるかどうか確認するのが精いっぱい」っていうかな。

特に、ヤンキースだと、下位の打順も多くなってきたので、とにかく塁に出なければ意味はないですねえ。

大川真輝　イチロー選手が所属しているチームは、実は、それほど強くないことが多いように見えるのですが。

イチロー守護霊　ああ。最初から見たら、オリックスとかねえ。

大川真輝　マリナーズも、確か、最近は弱かったと思うのですけれども、そのなかで試合に出ておられました。

イチロー守護霊　そうだねえ。

大川真輝　チームのファンにとっては、イチロー選手の記録だけが見るべきものだったようなときもあったと思います。

イチロー守護霊　うーん。

大川真輝　そのように、「チームが負け続けているなかで、自分一人だけでも結果を残していく」という、精神的なコツか何かがあるのでしょうか。

イチロー守護霊　ただ、みなさまがたにはそう思われがちであるようだけど、個人の記録だけを目指しているわけではなくてね。それでは、やっぱりプロ野球の精神に反するんですよ。

たとえ、オリックスやマリナーズが弱いとしても、お客が来なくなったら終わりですからね。

スター選手がいることも大事だけども、まずは、自分の打率なり、出塁率なりを、何とか、チームの勝ちに結びつけていこうとする努力だよ。やはり、チーム全体として奮戦、奮闘《ふんとう》し、ギリギリの戦いをして、ときには負け試合を逆転させるような、そういう見せ場をつくっていかなければ、「お金が取れるプロ野球」としては存続できないよな。

だから、単に「弱いチームは、弱いだけでした」というままでは駄目です。まあ、スター選手が出ても、結局、周りが駄目だったら、高校野球であっても駄目でしょうけども、やっぱり、「ほかの人の牽引車《けんいんしゃ》になって、何とかチームの勝ちに貢献《こうけん》したい」っていう気持ちは強い。

まあ、私の場合、「スタート点が悪い」っていうところはあった。プロになる元からが、そうですからね。ドラフト四位で入ってますのでね。名が遺《のこ》るような人は、たいてい、ドラフト一位ですよ。一位から入って、期待されて、すぐに一軍に入って打ち始めることが多い。今の投手でも、そうだしね。

もともと私は、甲子園《こうしえん》には投手で出て、ドラフト四位で入ってから、打者に転向したかたちですけども、自分の分《ぶん》を知っている部分はあったかな。そういう「マイナーなところから芽を出していく」っていうところだね。

もちろん、みんなのためだけにやっているわけではないし、自己鍛錬《たんれん》っていうか、自分との戦いに打ち込《こ》んでいるところはあるよ。

ただ、「自分が記録を伸《の》ばすことが、チーム全体の勝率を高め、牽引車になっていて、負け犬だったチームが『勝てるかもしれない』と思われるようになっていく」っていうことは、すごく大事なことだよなあ。

プロフェッショナルは、自分に厳しくなければ〝腐敗《ふはい》〟する

斎藤　そういう「自分への厳しさ」というのは、すごく感じるのですけども……。

イチロー守護霊　当ったり前じゃないか。君らみたいに、そんな生《なま》っちょろい仕事をしたら駄目なんだよ。

斎藤　（苦笑）すみません。

イチロー守護霊　うん。

斎藤　以前、インタビューでも、「野球に関しては妥協《だきょう》できない」とお答えにな

っていましたけれども……。

イチロー守護霊　それは、しちゃいけない。

斎藤　なぜ、そこまで妥協しないのですか。

イチロー守護霊　やっぱり、自分の人生を無駄にすることになるよ。

斎藤　はあ。

イチロー守護霊　だから、「野球で、『もう要《い》らない』という最後通告をされて、レイオフされるときまで年俸《ねんぽう》がもらえたらいい」とか言うんだったら、それは人間として恥ずかしいことですよ。

私らは、プロフェッショナルとして、まあ、君らより多いだろうけど、契約《けいやく》して、億の単位の金をもらってますからね。普通なら、日本の大会社の社長だってもらえない額をもらってますよ。それだけの額をもらっている。要するに、彼らが定年になるときまでは働けないかもしれないけども、彼らの生涯《しょうがい》賃金より多い金額をもらってると思いますよ。まあ、松井選手もそうだったし、私もそうですよね。

だけど、それだけ、何億、十億っていうお金に毎年堪《た》えるわけで、これは、たかが二百本そこそこ打って、それが数億とか十億とかいう感じになるよ。「ヒット一本が、いったい幾《いく》らになるか」っていう計算をしてみたら、君、一本当たり、どのくらいになると思う？

もしかしたら、一本打てば、本当に何百万になってるかもしれない。たまたま、球に当てるかどうかだけだから、これは「宝くじ」みたいなものだよね。そんな仕事をしてるわけですから、いやがおうでも、自分に厳しくしなかったら〝腐《ふ》敗《はい》〟しますよ。堕落《だらく》しますよ。完全に！

3　大リーグでの成功の秘密

「細《ほそ》いバット」へのこだわりが生む「匠《たくみ》の技《わざ》」

綾織　私は、イチロー選手のバットについて書かれた記事を読んで驚《おどろ》いたことがあります。

イチロー守護霊　うーん。

綾織　普通《ふつう》であれば、ヒットをたくさん打つためなら、「当てられればいい」ということで、太いバットを使うものです。

けれども、イチロー選手の場合には、「あえて細いものを使っている。細いバットでボールを捉《とら》えることに、非常にこだわっている」とのことでした。

イチロー守護霊　それはねえ、体格を見れば分かるでしょう？　まあ、日本人でもそうだけど、大リーガーなんて、昔の〝巨人族《きょじん》〟みたいな体ですよ。体力や筋力からして、向こうのピッチャーは、日本人よりもはるかに重い球を投げてくる。

やはり、体力だけでスラッガー（長距離打者《ちょうきょり》）みたいにやろうとしても、私の体力では通じないですよ。このくらいの体力は、向こうで言えば、サラリーマンに〝毛〟が生えたぐらいで、サラリーマンのクラブ活動で選手になれるぐらいの体力しかありませんからね。もともとの力が、彼らほどありません。おそらく、私の二倍も三倍も力のある人が大勢いると思う。「腕力《わんりょく》」という意味ではね。

「太いバットのほうがよく当たる」っていうのは、それはそうですけども、私の場合は、彼らほどの筋肉の力がないのでね。「食料不足で痩《や》せた日本人兵士」みたいなもので、そのガリガリの兵士が、日本刀をぶら下げているような状況《じょうきょう》なんだ。ただ、たとえ日本刀の刀身は細くとも、急所を斬《き》り裂《さ》くことで敵を倒《たお》すわけだね。

要するに、バットでボールをミートするにしても、当たっている面積は、ほんの少しですからね。それを上に当てたらフライになり、下に当てたらゴロになる。真横のところ、真芯《ましん》に当てたときだけ、真《ま》っ直《す》ぐ飛ぶわけね。

真横ではなく、かすかに上に当てるとフライが飛ぶ。そのかすかなずれ、何ミリかのずれで、飛距離を即時《そくじ》に計算できるわけで、これが一瞬《いっしゅん》の「匠《たくみ》の技《わざ》」なんだ。

まあ、ここまで来たら、私は、別にバットでなくても、日本刀ででも振《ふ》れますよ。「日本刀でボールを真っ二つに割ったら、これを『ヒット』として数えてく

れる」というのなら、日本刀で振ります。それでも構わない。だから、「太さ」なんて関係ないし、重ければ、やっぱり（スイングが）遅《おそ》くなる。当たれば飛びますが、その重いのを振る場合には、どうしても腕力が要《い》るよね。

「ギリギリ負けない戦い方」がヒットを生む秘訣《ひけつ》

大川真輝　私が「すごい」と思うのは、日本とアメリカとでは、環境《かんきょう》が変わっているにもかかわらず、同じスタイルを貫《つらぬ》かれ、かつ、結果も残されていることです。

イチロー守護霊　うーん。

大川真輝　アメリカでも、一年目から、ものすごい成績を残されました。

イチロー守護霊　そうでしたね。首位打者を取りました。

大川真輝　ここが、ほかのバッターとは明らかに違《ちが》うところだと思うのですが、そのあたりの「超《ちょう》一流の秘訣《ひけつ》」について教えてください。

イチロー守護霊　まあ、何て言うか、一年目は、おそらく、私の「振《ふ》り子《こ》打法《だほう》」が、大リーガーの選手にとって、十分に研究できなかったところはあると思う。たぶん、それで打てたところはあるんだろうけども、二年目以降は、当然、研究されて、マークされてきましたのでね。「どうやって打たせないようにするか」と研究してくるやつを、さらに打ち込《こ》んでいかなければいけないので、こちらも、投手の球の研究は、当然、しているわけです。

やっぱり、向こうは、全体に何もかもスケールが大きい感じがするし、ピッチャーも、速くて重い球を投げる。だけど、技巧《ぎこう》という意味では、むしろ日本人のほうが技巧派が多かったかもしれない。技巧派の球のほうがヒットにし損《そこ》ねる可能性は高かったから、力で押《お》してくるピッチャーに対しては、先ほど言ったような細くて軽いバットでもよいわけだ。

それから、ロングヒットを狙《ねら》わずに、とにかく当てて、一塁《いちるい》まで辿《たど》り着くことに執念《しゅうねん》を懸《か》けて、「どこに打てば一塁まで間に合うか」っていう計算を瞬時にする。

私は、「ここに球が落ちた場合には、一塁がセーフになる」っていうのは、打った段階で分かるというか、球に当たる前の段階で、だいたい予想がつくわけですよ。球の速さとコース、球種を見た段階で、「当たったら、あそこに落ちて、自分が一塁でセーフになる」っていうことは、もう、バットに球が当たる前に、だいたい計算ができている。まあ、「狙ったとおりのところに、見事に当たればセーフになる」というかたちだね。

ただ、そうは言っても、三本に二本は失敗しているわけだから、あまり偉《えら》そうには言えないけども、基本的には、そういう構想を持ってます。

だから、「アメリカで、なぜ通用するか」は言いにくいけど、まあ、はっきり言えば、先ほど言ったとおり、「無我《むが》」の考えを持っていて、「できるだけ大きければいい」というような感じではなく、要するに、「勝つ勝負」というよりは、「『ギリギリ負けない戦い』『紙一重《かみひとえ》で生き抜《ぬ》く戦い方』をしている」っていうところかな。

訓練どおりにやって、訓練どおりに終わっていく

綾織　今、三十九歳《さい》でいらっしゃるわけですけれども、「負けない戦い」という意味では、これだけ長い間、活躍《かつやく》されていながら、ほとんどケガをしていません。一度だけ、「故障者リスト」に入ったことはあるものの、それ以外では、ずっと活躍し続けておられます。

「そのために、あらゆる準備を、毎日、コツコツと続けている」とも報道されていますけれども、そのように、ギリギリの「負けない戦い」をし続けている根底には、どういう考え方があるのでしょうか。

イチロー守護霊　いやあ、それは、小学校時代からバッティングセンターに通ってコツコツと打ち続けた、あの気持ちかなあ。

まあ、今日も（タイトルに）付いているように、「天才」とか言う人もいるけど、それは結果であってね。もともと天才であったわけではないのは、プロへの入り方を見ても分かる。自分が、もともと天才であれば、すでに十八歳で、そういう名前が付いている人がほとんどですよ。それでも消えていくんだけど。そうではなく、もともとは「二流」で入って、そこから成果を上げていくパターンであったのでね。

まあ、大事なこととして、出場回数が減ったら、要するに、記録が落ちることは間違いないので、私としては、「できるだけ毎回（試合に）出て、毎回安打を打つ」ということに集中しているわけです。

かつての王貞治《おうさだはる》選手のように、「ホームランも打てるが、スランプの間は、まったく打てない」みたいな、そんなタイプの〝波〟をつくっても構わないような人は、ある意味で、余裕《よゆう》のある打者だと思うんですよ。年間を通じたら、ある程度打てる。つまり、四十本、五十本とホームランを打てる人は、本当のスターだと思いますけれども、私は、そういうふうな天才型の打者ではない。その意味では、〝故障〟しないで出続けて、一本でも多く打ち、一度でも多く出塁し続けることに執念を懸けた。

そのために、コツコツと訓練に励《はげ》んだけれども、何と言うか、「本番で『火事《かじ》場《ば》の馬鹿力《ばかぢから》』みたいな力を使って、いつにないような力でもって成功する」というようなことを狙わないんです。

日ごろの訓練どおりにやって、訓練どおりに終わっていく。そういう仕事を続けているので、「コンディションの調整等で、そう大きく失敗することがない」ってことかな。

4 「超《ちょう》一流」の条件とは

小学三年生の時から一日も練習を休んでいない!?

斎藤 「訓練に訓練を重ねる」ということに関して、イチロー選手の人生を見させていただきますと、小学校のときから練習を重ねておられます。

イチロー選手が小学校六年生のときに書いた有名な作文がありますけれども、そこには、このように書かれています。

「僕《ぼく》の夢は一流のプロ野球選手になることです。

そのためには中学、高校と全国大会に出て活躍《かつやく》しなければなりません。活躍できるようになるためには練習が必要です。僕は三歳《さい》の時から練習を始めています。

三歳から七歳までは半年くらいやっていましたが、三年生の時から今までは、三百六十五日中三百六十日は激しい練習をやっています。

だから、一週間中で友達と遊べる時間は、五、六時間です。そんなに練習をやっているのだから、必ずプロ野球の選手になれると思います。そして、その球団は、中日《ちゅうにち》ドラゴンズか、西武《せいぶ》ライオンズです。ドラフト入団で契約《けいやく》金は一億円以上が目標です」

このように、十二歳のときに、「一億円の契約金」という目標を立てています。

また、このようなことも書かれています。

「去年の夏、僕たちは全国大会に行きました。（中略）全体を通じた打率は五割八分《ぶ》三厘《りん》でした。このように自分でも納得《なっとく》のいく成績でした」

確かに、五割以上、打っていたと書かれています。

さらに、「僕が一流の選手になって試合に出られるようになったら、お世話になった人に招待券を配って応援《おうえん》してもらうのも夢の一つです。とにかく一番大きな夢は野球選手になることです」と締《し》めくくられています。途中《とちゅう》は略しましたけども、三歳から練習を始め、小学校三年生からは、三百六十五日中、三百六十日、激しい練習をやっていたとのことです。

イチロー守護霊　ああ、「五日も休んだ」って書いてあるわけ？（会場笑）（舌打ち）それはいかんね。「三百六十五日」と書かなければ。

斎藤　（笑）「五日間、休んだ」という意味に取られるわけですね。

イチロー守護霊　たぶん、バッティングセンターが休みだったんじゃないかな。休日だったんだろうね。

斎藤　だから、五日間、休みを取られて……。

イチロー守護霊　ええ。休みはあったんじゃないかね。

斎藤　ああ、なるほど。

イチロー守護霊　うん。

斎藤　それで、お父様と一緒《いっしょ》にバッティングセンターに行かれて……。

イチロー守護霊　そうなの。だから、親父《おやじ》の休みがあったのかもしれないが。

斎藤　ええ（笑）。ということで、三歳のときから練習を始め、延々《えんえん》と続けて……。

イチロー守護霊　うーん、「五日も休みを取った」っていうのは、それはちょっとけしからん。その作文は「修正」が必要ですね。

斎藤　（苦笑）いや。これ（霊言《れいげん》）は、〝ノーカット版〟でなければいけないのですが……。

イチロー守護霊　まあ、実際に、バッティングセンターでは打ってないかもしれないけども、ほかのトレーニングは何かしていたはずであるから、それには嘘《うそ》がある。

斎藤　この五日間も含《ふく》めて、三百六十五日、全部？

イチロー守護霊　あと五日間は、他の〝修行《しゅぎょう》〟をやっているはずです。間違《まちが》いなく。

「ボールの縫《ぬ》い目のどこを打てば、どこに飛ぶかは分かる」

斎藤　でも、そんなに小さいころから、ずっと続けていて、飽《あ》きたりしないのですか。

イチロー守護霊　それは、君らにも言いたいことだけどさ。君らは、仕事が飽きないか。

斎藤　飽きない？

イチロー守護霊　飽きないか？

斎藤　いや、本心と対話すれば、「収穫逓減《しゅうかくていげん》の法則」（『仕事と愛』〔幸福の科学出版刊〕参照）というものがありますから、「飽きる」と言えば……。

イチロー守護霊　だから、こちらは年間二百本以上、ヒットを打つ。そちらは年間二百冊以上、本を出す。

どうだい？　飽きないかい？　大丈夫《だいじょうぶ》か？

斎藤　ええ（笑）。大丈夫です。

イチロー守護霊　執念《しゅうねん》が尽《つ》きたときが終わりなんだよ。

斎藤　なるほど！

イチロー守護霊　うん。執念が尽きたときが終わりなんだ。ただ、その執念についてはね、先ほど、「火事場《かじば》の馬鹿力《ばかぢから》」と言ったけれども、人の目を感じて、「自分のいいところを見せよう」と演出してやらないといかんようでは、まだ本物じゃないんだな。

だからね、私は、できるだけ心を空《むな》しゅうして、〝マシン〟と化そうと、自分で思っているんだよ。

斎藤 「マシンと化す」とは、どういうことですか。

イチロー守護霊 向こうは、ピッチングマシンが球を投げてくる。こっちは、バッティングマシンと化して、それをただただ、ひたすら打ち込《こ》んでいく。だから、「心の迷い」とか、「体調が悪い」とか、「家庭のいざこざ」とか、「親に怒《おこ》られた」とか、「学校で何かあった」とか、そんなようなことがあると、普《ふ》通《つう》は、調子が上下するよな。

例えば、「学校でテストがあったけど悪かった」とか、「遠足があった」とか、いろいろあるじゃないですか。

まあ、そういうことに影響《えいきょう》されることなく、バッターボックスに入ってバットを構えたら、こちらもマシンと化す。向こうはピッチングマシンかもしれないけど、こっちもバッティングマシンと化して、とにかく、弾《はじ》き返すことに集中する。だから、「精神の集中」っていうのかな。これは、訓練で高まっていくものであって、最初は意志力を伴《ともな》うものなんだろうけれども、やはり、毎日毎日、そうやって訓練をしていくうちに、何と言うか、さっきから何度も言ってる「無我《むが》の境地」のようなものが体得できるんだな。

ただ、私は、川上哲治《かわかみてつはる》さん（元・巨人軍選手）がおっしゃったように、「ボールが止まって見えた」と自慢《じまん》するほどの自信はない。まだ、そこまで言う自信はないので、そう言えるかどうか、引退してから考えてみるけれども。

まあ、ボールが止まって見えることはないけども、ボールの縫《ぬ》い目は見える。

斎藤　縫い目が見えるのですか。

イチロー守護霊　縫い目は見える。縫い目が見えるので、「縫い目のどこを打てば、どこに飛ぶか」は分かる。そのくらいまでは、練習している。

斎藤　はあ……。

「ここ一番」で打つのが一流のプロ

綾織　この「集中力」については、「精神統一の力」ということになると思うのですけれども……。

イチロー守護霊　そういう意味では、弓なんかと一緒《いっしょ》じゃないの?

綾織　ああ、なるほど。しかし、普段の何もないときには、確かに、集中することもできると思うのですが、イチロー選手の場合、特に、満塁《まんるい》での打率がグンと高かったりと、「ランナーがいるときに打率が高くなる」という傾向《けいこう》があります。これは、かなり難易度が高いことなのではないでしょうか。

イチロー守護霊　ああ、それはねえ、もちろん、「『ここ一番』の、打たなければならないところで打てる」ということが名選手の条件であるし、観客の人気が出るかどうかは、そこにかかっている。「ここ一番」のところで打てない人は、みんな、がっかりするから、人気がなくなるよね。

そういう意味で、スターになれるかどうかは、実は、塁に誰《だれ》かがいるときとか、満塁のときとかに打てるかどうか。こんなところにかかっている。それは、長嶋《ながしま》（茂雄《しげお》）さんなどでも一緒で、そういうところはあるよね。だけど、「打率は高いのに、肝心《かんじん》なときには打てなくて、ランナーがいないときばかり打てる」っていう人もいることは確かだけどね。

ただ、ここには、やっぱり、責任感って言うか、「観客を喜ばしたい気持ち」みたいなものが結びついているところがあるね。

自分の技《わざ》に集中はしているんだけれども、同時に、「チームを勝たせたい」という責任感があるし、「ここ一番」のところでチームを勝たせることで、観客を喜ばせることができて、お金を払《はら》って来てくださった方々が、「今日の試合はよかった」と言って帰ってくれるのが、プロとしての喜びなんだよ。「あの一番でイチローが打てなかったのは残念だよな」と、みんなに言われたら、思い返しても悔《くや》しくて悔しくてしかたがないのでね。

やっぱり、一流と、二流や一・五流を分けるところの差は、そこじゃないかな。

背中に〝千の目〟を持つイチローの極意《ごくい》

大川真輝　イチロー選手には、「修行者」という面もあるかと思うのですが、今、話に出ましたように、もう一つ、「エンターテイナー」や「スター」という面があることも感じます。

イチロー守護霊　うん、まあ、そういう面もある。

大川真輝　それは、どういうところから来るものでしょうか。

イチロー守護霊　うーん。それは、だから、「単眼」にして「複眼」なんだよな。単眼という意味では、もちろん、バッターボックスに入ったら、「野手がどこにいるか」っていうことを、アバウトには見てますけどね。守っている位置が、深めか、浅めか、塁に近いかを見ておりますし、あとは、ランナーがいた場合の位置とかを見て、「どこに打たれたら、いちばん相手側は困るか」っていうのを、パッと見取りはしています。

ただ、それらを、だいたい把握《はあく》したあと、最後は、ピッチャーとの一対一の勝負になりますよね。

だから、一対一の勝負にコンセントレート（集中）していかなくてはいけないんだけども、同時に、そのコンセントレートしている自分を見つめている、数万の観衆の目を感じている。それから、背中を映しているテレビカメラの向こうで観《み》ている人たちの目を、やっぱり感じている。これがプロだと思うんだよ。

これを感じられない人は、プロじゃないんだと思う。それは、私たちのような仕事以外でも、たぶん一緒だと思う。

例えば、プロレスラーであろうと、宗教の説教家、説法家《せっぽうか》であろうと、漫才師《まんざいし》であろうと、歌手であろうと、みんな一緒だと思うね。

もちろん、そのときに、その場で、一生懸命《いっしょうけんめい》、課題に取り組まなくてはいけないんだけども、ほかの人の目を全部感じつつも、それに集中できるかどうか。目は、ピッチャーのほうを見ているわけだけども、背中にある〝千の目〟が、観客と、その奥《おく》にある視聴者《しちょうしゃ》の目を見ている。つまり、〝背中の毛穴〟で見ている感じかな。やはり、ここまで行かないといけないいんじゃないかなあ。

斎藤　それは、宗教的境地ですね。

イチロー守護霊　そうだね。似てるねえ。

斎藤　武道では、「八方眼《はっぽうがん》」と言って、相手の目を見ながら、四方八方《しほうはっぽう》を見る方法がありますけれども、〝千の目〟というのは、さらに上を行く感じですね。

イチロー守護霊　うん。千ぐらいある感じがする。

斎藤　千の目で見て……。

イチロー守護霊　自分では、毛穴の数だけ、目があるような気がする。

斎藤　はあ……。毛穴で見ている感じですか。仏教には、「大円鏡智《だいえんきょうち》」（鏡《かがみ》で映《うつ》すような智慧《ちえ》）という境地がありますよね。

イチロー守護霊　まあ、僕は、そのへんまでは分からないし、そこまでは言えないかもしれないけれども、まあ、背中に目がないやつは、車にだって轢《ひ》かれるし、剣《けん》で言えば、斬《き》られるだろうからね。

斎藤　なるほど。

イチロー守護霊　結局、前しか見えない人間はね。

「自分の姿が透明《とうめい》になっていく」

斎藤　つまり、集中して、投手との勝負にかかっていながらも、同時に、観客や、テレビの視聴者まで、全部を意識しているわけですね。

イチロー守護霊　そう。だから、バッターとして、ピッチャーを見、向こうの内野、外野の動き方を、〝広角レンズ〟の広い目でぼんやりと見ながら構えて、（野手が）位置を変えてきたら、それに合わせて、打つところを変えます。
そうやって、背中から、あるいは、横から、前からと、いろいろなところから視線を感じつつ、バッターボックスに立っているうちに、自分の姿が透明《とうめい》になってくるんだ。

斎藤　透明になるのですか。

イチロー守護霊　うん。透明になっていって、そして、何と言うかな、バットだけが中空《ちゅうくう》に立っているような気がするな。

斎藤　おお、かっこいいですね。

イチロー守護霊　うん。バットだけが立ってる感じがするんですよ。そして、そのバットが、だんだん日本刀に見えてくるんだ。

斎藤　（笑）バッターボックスに立っているときに、一瞬《いっしゅん》、日本刀に見えてくるのですか。

イチロー守護霊　うん。日本刀みたいに見えてきて、その日本刀が、手裏剣《しゅりけん》を弾《はじ》き飛ばすような感じかな。

斎藤　手裏剣を弾き飛ばす？

イチロー守護霊　まあ、例えて言えば、そんな感じ。だから、弾き返さなかったら、その手裏剣は、手元で、ククッと曲がって、自分に刺《さ》さってきそうな感じがする。

斎藤　では、生死を懸《か》けている感じですね。

イチロー守護霊　そんな感じだな。そういう意味では、命が懸かってる。

綾織　そのまま進むと、過去世《かこぜ》の話になってしまいそうになるのですけれども（笑）（会場笑）。

斎藤　（笑）そうですね。やはり、日本刀などは、非常に懐《なつ》かしい感じがするのでしょうか。

イチロー守護霊　まあ、形はね。

斎藤　はあ、そうですか。

綾織　その話題は、少し置いておきましょう。

斎藤　はい、はい。

イチロー守護霊　うーん。

5　スランプを乗り越《こ》える〝最終兵器〟

「本来の自己」を知っているかどうかがカギ

綾織　先ほども、少し話が出たのですが、これだけずっとコンスタントに活躍《かつやく》し続けられているとはいえ、やはり、スランプの時期もありました。

イチロー守護霊　うーん。

綾織　ずっと百パーセントの自分を出せるように準備をしているなかで、スランプになることは、けっこうつらいことなのではないかと思うのです。

イチロー守護霊　うん、うん。

綾織　そこで、「もう、いっぱいいっぱいやっているけれども難しい」という状態を乗り越《こ》えていくための考え方と言いますか、どういうアプローチで、今まで、その壁《かべ》を越えられてきたのか、教えていただけますでしょうか。

イチロー守護霊　うーん。でも、まあ、〝最終兵器〟は、やっぱり「自己信頼《しんらい》」かと思うな。

だから、その場その場では苦しいんだけども、「シーズンを終えたら、自分はこのくらいの成績を残せなきゃならないし、残せるんだ」という「自己信頼」が持てるかどうかだよな。

スランプと言っても、例えば、「十年間、二百本以上打ち続ける」っていうような、ある程度の結果は出ているよね。

だから、「自己信頼」っていうのは、「本当の自己、本来の自己を知っているかどうか」ということになると思うな。

スランプの時には「弱点」を小さくする工夫《くふう》を

イチロー守護霊　スランプの時期は、どうしてもあるので、何事も耐《た》えなけりゃならない。耐えなきゃならないけど、ただ単に待っていてはいけなくて、「その部分を、必ず巻き返さなければならない」という気持ちを持たなきゃいけないね。

例えば、野球なんかでも、やっぱり技術が要《い》りますので、研究されることは当然ある。それは、サッカーでもそうでしょう？　バスケットボールでもそうでしょう？　有名選手になって、シュートがうまくなれば、当然、邪魔《じゃま》をしてほしくないのに、いっぱい邪魔がついてくるようになる。二人も三人もついてきて、シュートをさせてくれないね。だけど、そのなかで、シュートを決めなきゃいけなくなる。まあ、同じだな。

われわれも映像が流れているし、あっちもプロなので、「こういう球を、どう打つか」とかを、全部研究し尽《つ》くされている。将棋《しょうぎ》の棋譜《きふ》と同じで、「この選手のこういう球を、どう打ったか。どう外したか」を研究されて、外《はず》した率が多いところを、向こうは集中して攻《せ》めてくるわな。つまり、データをもとに科学的に見て、「弱点がある」と判定された部分だよ。やっぱり、野球でも分析《ぶんせき》はしてるんだ。

その弱点と思って攻めてくるところを、いかにして長所に変えるかは難しいけれども、「弱点を狙《ねら》ってくる者に対して、それを、どうやって防ぎ切るか」っていうのは大事なところだよね。

まあ、ヒットにできないにしても、やっぱり、ファールにするなり何なりして、アウトにされないように粘《ねば》ることが大事だから、選球眼《せんきゅうがん》もギリギリのところが試《ため》されるよね。

だいたい、不振《ふしん》のときっていうのは、「ギリギリの球に手を出すか出さないか」の判断のところで迷いが出ることが多い。打ってもヒットにならないけども、不振が続くと、ついつい、甘《あま》い釣《つ》り球《だま》や、一見、コースが甘そうに見えるものに手が出てしまうことがあるんだ。そういうときに、「緩《ゆる》み」というか、「一発当てるような気持ち」にならないようにしなければいけない。

だから、弱点を攻められていると見たら、まず、「水が漏《も》れている穴を、どうやって塞《ふさ》ぐか」っていうことを考えなきゃいけなくて、勝つところまでは行かないけど、この弱点を小さくする工夫《くふう》をしなきゃいかん。そして、死角《しかく》をなるべく少なくしていくようにする。

まあ、向こうの投手にも、それぞれ癖《くせ》があって、投げやすいところ、投げにくいところがあるので、逆にこちらも、そこを研究すれば、「この投手だったら、ここを狙ってくる」というのは見えてくる。その場合に、「どういうふうにすれば打ちやすくなるか」ということを考えることはあるよな。

あとは、投手だけでなくて、やっぱり、内野手と外野手の守備の、「うまい下手《へた》」があるので、「この野手だったら、ここへ打てば捕《と》られない」「この速度で打った場合は捕れない」というのを、だいたい知っていなければいけないね。

そのように、スランプの時期には、自分自身のフォームや打ち方だけでなく、敵の攻め方、あるいは、敵の守りの弱点等を逆に研究する。そうして、何とかそれを乗り越えようと努力しているうちに、また目が開けて乗り越えることができるようになってくるよな。

6

鍛練《たんれん》で身につけた〝超能力《ちょうのうりょく》〟

周囲の反対を押《お》し切って完成した「振《ふ》り子打法」

斎藤　例えば、自分のフォームを記録に撮《と》って、画像でもう一回点検するとか、そういう修正などはされているのでしょうか。

イチロー守護霊　うん。まあ、それは企業《きぎょう》秘密なので。

斎藤　ああ、そうですか。

イチロー守護霊　あんまりそれを、まあ……。

斎藤　先ほど、大川真輝さんから、「日米で環境《かんきょう》が変わっても、スタイルを変えずに貫《つらぬ》き通している」というお話がありましたが……。

イチロー守護霊　うーん。

斎藤　特に、振《ふ》り子打法については、国内でまずそれが確立するまでの間は、「やめろ。やめろ」と監督《かんとく》やバッティングコーチなどから言われて……。

イチロー守護霊　そうだ。それは、そうだね。

斎藤　それでいったん、駄目《だめ》になって……。

イチロー守護霊　そうそうそう。

斎藤　それでも、もう一回、粘《ねば》って、確立したと聞きました。

イチロー守護霊　厳しいよねえ。

斎藤　はい。

イチロー守護霊　そりゃあ、王貞治《おうさだはる》さんのフラミンゴ打法だって、もう、周りのプロたちは、みんな、「あんなの絶対駄目だ」って言ったよね。

「テンポをずらしたら、もう打てなくなるじゃないか」っていうの？　「同じテンポで投げてくれればいいけど、ワンテンポずらされて、立ってる時間が長くなったら、もう、それで足が地に着いちゃって打てなくなる」とか、さんざんだったよ。プロほど、そう言ってたよね。「あれができるんなら、みんなするよ」って。

だけど、独特のバランスの取り方を覚えて、まあ、やれたわけで、フラミンゴ打法は、最初、完成するのは難しかっただろうけども、あれは、彼なりの弱点を、やっぱり克服《こくふく》したんだと思うんだよな。王貞治さんは目がいいから、ジャストミートする能力は高かったんだと思う。

ただ、モーションが大きくなると、やっぱり遅《おそ》くなるから、ジャストミートするのに、球が速い場合に振り遅《おく》れたりする場合がある。そういう意味で、「すでに足を上げた状態で待ってる」というのは、いつでも打ち込《こ》める状態で、これは、剣道《けんどう》で言えば、「上段の構え」だよな。中段じゃなくて、すでに……。

斎藤　上段の構え。

イチロー守護霊　上段の構えで、振り下ろせば、一撃《いちげき》で倒《たお》せるわけだ。中段なら、「振り上げてから振り下ろす」という二段階あるでしょう？　ところが、上段から落とせば、一撃ですよね。

だから、あれは明らかに上段の構えですよ。

まあ、そういう意味では、別の意味では隙《すき》はあって、胴《どう》とかに、隙ができることはできる。

まあ、同じなんですが、フラミンゴ打法も、バランスを崩《くず》されたり、ヘンテコなボールを投げられたりしたら、調子が狂《くる》う可能性はあるので、まあ、「みんな、そんなにまねはできない」っていう意味では「できない」わなあ。

自分の型《かた》を押《お》し通す「強さ」が超《ちょう》一流を生む

大川真輝　イチロー選手、松《まつ》井《い》選手、王選手は、初めて野球をやる方がまねしてはいけないフォームだと言われています。

イチロー守護霊　ああ、そうだねえ。

大川真輝　はい。ところで、「自分の型」を見つけるまでには、どのような訓練をされたのですか。

イチロー守護霊　やっぱり、最初は、新入社員と同じように教育を受けるし、

「変えろ」って、いっぱい言われるからね。

だいたい、それを習わなきゃいけないんだけど、結局、そうは言っても、自分の型を押《お》し通せるぐらいの強さがなかったら、やっぱり一流にはならないというか、超《ちょう》一流にはならない。

先輩《せんぱい》に言われて直して、フォームの改造をした程度で打率が上がるようでは、もともと、そう大したことはないし、やっぱり、そういうミステリアスなところが少しないと駄目なんだな。人とちょっと違《ちが》う、自分独特の〝あれ〟っていうか、料理人で言えば、「出汁《だし》の味」だよ、独特のな。

斎藤　迷わなかったのですか。

イチロー守護霊　え？

斎藤　「やっぱり、やめようかな」とか、「このままだと駄目だ」とか。

イチロー守護霊　一般《いっぱん》理論としては、ほかの人が自分のまねをしたら、駄目になっていくんでしょう？　プロ野球の人が、みんな私のまねをして、振り子打法をやったら、たぶん、続々引退になるんだろうからさ。まあ、一般論としては合ってるんだと思う。

ただ、「自分としてはどうか」ということだったら、また別になるよな。

だから、体型とも関係があると思うんですよ。いわゆるスラッガーで、すごく筋肉質で体重の重い、見るからに長距離《ちょうきょり》打者みたいな強い体を持ってる人が、〝フラミンゴ打法〟みたいなのをやったら、それは不安定で、いくらでもきりきり舞《ま》いさせられると思うけども、体が細身で、敏捷《びんしょう》だけども、非常にデリケートなバランス感覚を持ってるんでね。まあ、それは、人によるんじゃないかなあ。

「才能プラス訓練」が生んだイチローの動体視力《どうたいしりょく》

斎藤　先ほど、「王選手は目がいい」と言っていましたよね。

イチロー守護霊　うん、目がいい。

斎藤　ただ、イチロー選手も、とても目がよく、それを科学的に研究したドキュメンタリー番組を観《み》ると、イチロー選手は、訓練によって、動体視力《どうたいしりょく》が非常によく、物を動かすと、パパパッと、ものすごい……。

イチロー守護霊　まあ、それが普通《ふつう》だよ。

斎藤　え？　でも、普通の人よりも、すごく速いと……。

イチロー守護霊　それが駄目だったら、君なあ、プロ野球で一流の選手にはなれませんよ。動体視力が普通の人と一緒《いっしょ》だったら、どうしようもないよな。

斎藤　また、以前、激しく変化しやすい特殊《とくしゅ》なボールか何かを使って変化球を見《み》極《きわ》めて、ミートさせる練習もしていたようですけれども。

イチロー守護霊　それは、テニスでも何でも一緒だろうし、レーサーでも、一緒でしょう。動体視力の差でしょう、結局は。ギリギリいっぱいのスピードでカーブを曲がっていくのは、その視力のところが大きいし、まあ、サッカーだろうと何だろうと、一緒は一緒だな。
だから、ある意味で才能もあるけども、才能に、さらに訓練が重ならないと駄目でしょうね。

日常生活でも「さまざまなアングル」から見る訓練をしている

斎藤　訓練しているんですか。

イチロー守護霊　それは、訓練も要《い》るよね。だから、もう、「野球だけが訓練じゃない」ということで、日常茶飯事《さはんじ》だよ。

斎藤　日常、何をされているのですか。

イチロー守護霊　だから、道路を歩いてても、横断歩道を歩いてても、人を見ても、やっぱり訓練なんですよ。

斎藤　何を訓練しているのですか。

イチロー守護霊　うん。だからねえ、まあ、カメラのアングルだな。

さっきは、「千の目」という話もしたが、テレビ局みたいに、カメラが何台もあるわけよ。その周りの景色を、違うアングルから、いろいろ映してみるような訓練をするわけ。

斎藤　「日常」ですか。

イチロー守護霊　ええ。マンハッタンを歩いてると、タクシーが走り、大型車両が走り、いろんな人が、横断歩道を“Don't walk《ウォーク》”なのに歩いていく。また、空をヘリが飛んだり、鳥が飛んだりと、いろんなものが動いている。
そういうものを全部、何台もあるカメラで総合的に捉《とら》えている。まあ、テレビ局もいっぱい映したやつのなかからチョイスして、一つのカメラの映像を流してると思うんです。その都度《つど》、いちばんいい場面を、たぶん流してるでしょう？

斎藤　はい。

イチロー守護霊　あれは、瞬間《しゅんかん》的な判断で切り替《か》えてると思うけれども、それと同じで、私も何台かのカメラ付きで、実際は生活している。そして、いろんなカメラに映っているもののなかで、「編集するとしたら、このカメラで映ったシーンがいちばんいいな」っていう感じで、物事を見ているわけですよ。

斎藤　それが、イチロー選手の日常の見え方なのですか。

イチロー守護霊　そうですよ。

一定の「壁《かべ》」を超《こ》えた時に〝超能力《ちょうのうりょく》〟が可能となる

イチロー守護霊　だから、スパイダーマンなんかと変わらないですよ。

斎藤　スパイダーマンと変わらない？

イチロー守護霊　うーん。だから、スパイダーマンなんかだったら、物が落ちてくるのが、なんかスローモーションのように見えて、動けるでしょう?

斎藤　ああ、なるほど。

イチロー守護霊　あんな感じで、物の動きを超《ちょう》スロー回転にして見ることもできるし、「ああ、あれは事故になるかも」って、あらかじめ分かるとか、そういうことはありますよね。

斎藤　はあ……。超能力みたいなものですね。

イチロー守護霊　〝超能力〟ですよ、やっぱり。

斎藤　え？

イチロー守護霊　ある意味で超能力。だから、能力は普通の能力なんですけれども、それを鍛《きた》えて一定の壁《かべ》を超《こ》えたら、〝超能力〟になるわけですよ、自動的に。

斎藤　はあ……。

イチロー守護霊　いや、私らみたいな選手だけじゃなくて、野鳥観察の会だって一緒だと思うんですよ。バードウオッチャーが、毎日毎日、バードウオッチングで、鳥の数を数えたりしてるのだって、熟練してきたら〝超能力〟です。あなたがたから見たら、どう見たって超能力にしか見えませんよ。

斎藤　うーん。

イチロー守護霊　それから、（選挙でも）投票のあと、（開票作業を）双眼鏡《そうがんきょう》で見ながら、誰《だれ》に入れたかを読むんでしょう？　あんなの、普通は分かんないですよ。一定レベルを超えたら、超能力みたいに見えますわね。

イチロー流「肉体鍛練《たんれん》法」

斎藤　また、ある番組では、ご自宅のなかがトレーニングマシンだらけになっていました。

イチロー守護霊　フッハハハ……。

斎藤　高額そうなマシンが何台も設置されていて、それを毎日使って、メカニカルに鍛えているという話でした。

イチロー守護霊　いや、そんなことはない。筋肉痛を起こすから、そんなのは、ほどほどにしないと。やっぱり、壊《こわ》すわけにはいかないのでね。

鉄にはなりませんから。「アイアンマン」っていう映画はあっても、体が鋼鉄になるわけじゃないので、それは、やっぱり、加減はしながらやらないといけません。

「一日中、練習しておれば強くなるか」って言ったら、それは壊すことのほうが多いですから、やっぱり、自分流の調整の加減がありますよね。

卵だって、焼き加減は調整しないと駄目で、「全部真っ黒に焼いたらいい」っていうわけじゃありませんから。

まあ、負荷《ふか》をかけたいときに、かけられるだけの装置は、準備して持っているけれども、いつもいつもそうしてるわけではなくて、調子とか、いろんなものと組み合わせながら使い方を考えてる。

プロは「恐怖《きょうふ》」を「練習」で乗り越《こ》える

斎藤　「将来、これをやっておかないと駄目になってしまう」とか、そういう恐《きょう》怖《ふ》はないのですか。

イチロー守護霊　ありますよ。それはありますよ。プロでやってて「恐怖」を感じない人はいないと思う。

斎藤　それは、「心の闇《やみ》」のなかに落ちてきているかもしれないという……。

イチロー守護霊　まあ、打てない恐怖。クビになる恐怖。現役《げんえき》でなくなる恐怖。事故の恐怖。それから死球を当てられたり、ファンの人気が去っていく恐怖。もう、いろんなものはある。

斎藤　そういう恐怖を感じているのですか。

イチロー守護霊　それはあるよ。プロなら当然じゃないですか。

斎藤　その恐怖に、どのように対応しているのですか。

イチロー守護霊　やっぱり「練習して忘れること」が大事ですね。「練習のなかで忘れていくこと」が大事です。

練習重視の日本、休み重視のアメリカ

イチロー守護霊　でも、アメリカ人は、必ずしも私のような考えではなくて、何て言うか、「鍛えるだけでは駄目」という考えなんです。「鍛えるときは鍛え、休むときには休んだほうが、いい成果が出る」っていう考え方を基本的に持っているので、日本の野球とは違うんですよ。

日本だと、試合の前に球をビュンビュン投げて、疲《つか》れてからマウンドに上がってくるけど、ああいうことをしていると、アメリカ人は怒《おこ》ります、実際。だから、(アメリカ人は)真面目《まじめ》にやらない。練習でも、ピッチャーとかは、二十球も投げたら、さっさと引き揚《あ》げてしまいますからね。百球も投げ込んだら、本番のときに、腕《うで》が傷《いた》んでると困るから、二十球も投げれば、もう十分で、さっ

さと行っちゃう。

日本人から見たら、練習のうちに入ってないように見えるけども、彼らは、そういう「休ませて、力を蓄《たくわ》えてやる」っていう考えです。

まあ、私なんかは、やっぱり日本人だから、「調子が悪ければ悪いほど、練習でカバーしたい」と思うほうですけどね。

7　世界の頂点に立つ極意《ごくい》

イチロー守護霊が語る「日米の精神性の違《ちが》い」

大川真輝　イチロー選手から見える、日本人とアメリカ人の精神性の違《ちが》いはありますか。

イチロー守護霊　まあ、この差が、前の日米での戦争の結果になったのかもしれないとは思うんですが、今、言ったとおり、アメリカは、常に余力の計算をしていますね。

プロ野球も、基本的にそうでしょう？　一軍も二軍もあるし、一軍でも、ベンチ入りしている選手とか、補欠の選手とかを、いざというときには組み替《か》えてくる。ピッチャーでも、調子が悪ければ、順番に組み替えてくるし、バッターだって打順を組み替えてくる。これがプロの考えです。

日本軍には、たぶん、こういう考え方が、あんまりなかったのではないかと思うんです。「撃《う》ちてし止《や》まん」で、とにかく突《つ》っ込《こ》んでいく。

しかし、アメリカは、時と場合によって組み替えて戦ってくるし、さらに、予備戦力をいつも用意して補強していく。これが、アメリカの考えだと思うんですね。

だから、アメリカ人に言わせれば、「日本の選手は、本来、試合だけであれば、もっといい成績を残すことができるにもかかわらず、練習のほうですり潰《つぶ》してしまっているのが、かなり多いし、二軍あたりで潰してしまってるのが、そうとういる」ということだよ。

確かに、（野球漫画《まんが》・アニメの）「巨人《きょじん》の星」みたいな感じの根性《こんじょう》を示さないと、認めてくれないところがある。これが日米の考え方の差だね。

だから、このへんが、先の大戦でアメリカの強かったところだろうし、おそらく、いろんな産業においても強い面であろうね。

ただ、日本型も、いろんなところで勝ち始めていて、日本型は、精神性が高いかもしれないし、無駄《むだ》が少ない面もある。少ない種類の武器や戦力で戦って勝つことを、一生懸命《いっしょうけんめい》、考えているので、それが成功する場合もありますね。

アメリカの場合は、その意味で、宝の持ち腐《ぐさ》れもあるわけで、「こんな有力な選手がいるのに、使えないで、ベンチで休んでいる」っていうことが、いっぱいある。やっぱり、それくらいの無駄も、ある程度、発生しますね。

世界で超《ちょう》一流になるために必要な「燃え尽《つ》きない工夫《くふう》」

綾織　これから、世界で一流のレベルで仕事をして成功し、世界の頂点に立つような人材を、日本からどんどん出していかなければいけないと思うのですが、その観点について、何かアドバイスがありましたらお願いします。

イチロー守護霊　まあ、いちばんに言うべきことは、「燃え尽《つ》きない工夫《くふう》」だろうね。

（斎藤に）今、あなたの独特の調査（イチロー小学六年生時代の作文）により、「三歳《さい》から特訓をしてた」「小学校時代にも、ずいぶんやった」というようなことを発表なされていたよね。

まあ、子供が言ってることなので、そんなに真《ま》に受けられても困るんだけど、そういうのは、野球以外のほかの面でも、英語をやらせたり、ピアノをやらせたり、バレエをやらせたり、お稽古事《けいこごと》をやらせたり、そろばんをやらせたりしている。それから、学業そのものも、小学校一年から塾《じゅく》に通わせるなど、早期教育をやったりして、いわゆる天才教育みたいなものをやってると思いますよ。

だけど、全部が全部、成功するわけじゃないでしょう？　まあ、「スタートが早いほうが有利だ」っていう説は強くて、もしかしたら、中学受験までは有利なのかもしれないけど、途中《とちゅう》でやっぱり燃え尽きていくよね、普通《ふつう》はね。勉強以外のものでも、そういうところはあると思いますよ。

「もう、昔やったからいい」っていう考え方だね。英語であれば、中学の一年生でやるような英語は、幼児英語でもやれるじゃないですか。だから、「昔、勉強したことを、中学に入ってから、もう一回勉強するのはバカバカしい」と思ってるうちに、定期テストができなくて成績が下がっていく。それで、英語が嫌《きら》いになったり、反抗的《はんこう》になったりするようなことはありますよね。

早くやれば有利にはなります。ただ、「人がやってないときにやっている」っていう部分の疲《つか》れが先にたまってくるし、ピーク感覚が先に出ますので、そうなると、次は下がってくることが多い。

だから、ここで燃え尽きない工夫ができなかった人は、一流には絶対になれない。どの分野であっても、これは一緒《いっしょ》だと思います。

まず、小学校で燃え尽きない工夫が要《い》る。小学生で、それだけバッティングセンターとかでしごいたら、燃え尽きる場合がありますよね。

また、「中学生になったら肩《かた》を壊《こわ》して、もう駄目」ということがあります。中学で一生懸命やったら、だいたい、「エースで投げた人は、甲子園《こうしえん》には出られない」とか言われる。「肩を壊してしまって、本番の甲子園野球に出るころには、エースにはなれなくなってる」とか、いろいろ言われるけど、難しいよね。

だから、ある意味では、「燃え尽きない工夫」だし、別の意味では、「志を萎《な》えさせない工夫」だね。まあ、これができなかった者が、一流、ないしは、超《ちょう》一流まで行くことは難しい。

料理の達人だとしても、そうは言ったって飽《あ》きますよ。小学校一年から料理の練習をしてたらうまくなるか。それは、うまくなるかもしれません。普通の人より、やっぱりうまいでしょう、小学校一年から料理の練習ずーっとやってたらね。でも、やっぱり、飽きてくることはある。

もちろん、その人の才能もあるし、本当に天性《てんせい》の料理人で、「料理だけを、一生やっても悔《く》いがない」っていうぐらい打ち込んでる人であれば、早くやったほうが、いろんなチャレンジは可能なのかもしれません。ただ、たいていの場合は、「みんなが野球をやってるときに、料理なんかやってるのはバカバカしい」っていう感じになってくるよな。

そういう、親や周りに対する年相応の反抗期があって、それとの戦いもあるからね。

そういう意味での、「燃え尽きない工夫」が、いちばん大事です。

「ロッキー」はプロとしては失格!?

イチロー守護霊　それから、一流になるための条件の二番目に言わなきゃいけないこととして、プロになるには、「お金をもらえるとは、どういうことか」っていう哲学《てつがく》を考えなきゃ駄目だと思いますね。

お金を頂けるっていうことは、どういうことなのか。要するに、お金をもらえない素人《しろうと》やアマ、草野球との違いは、いったいどこなのか。これは、ほかのスポーツでも同じで、バスケットだって、これまた「億」を取れる人はいるわけですからね。

だから、「お金が取れるプロとは何なのか」ということについて、やっぱり、禅《ぜん》の公案みたいに常に考えなきゃいけない。

自分は、お金が取れるような競技をやっているか。そういう競技を見せられるだけの、プロとしての下練習っていうか、日ごろからの訓練ができているかどうか。最後に見られるところだけではない部分、氷山《ひょうざん》の隠《かく》れてる部分のところが、プロとしてお金に換《か》えられるものかどうか。

例えば、「ロッキー」みたいな（ボクシングの）映画があるし、それには、いいところもあると思うけど、私は、全部を好きなわけではない。

チャンピオンになるにしても、もう一方的に、打たれて打たれて打たれっぱなしで、長く引っ張って、最後に頑張《がんば》って、何とか勝つよね。まあ、負けたり、タイになったりする場合もあるのかもしれないけども。

ただ、ああいうふうに、「ノーガードで、打たれて、打たれて、打たれっぱなしで」みたいなのは、映画としてはいいけども、プロとしてはあってはならないことだと思う。あれは許せない。プロとしては、私は許せない。

だから、向こうが強くて打たれるのはしかたがないけども、やっぱり、それをかわそうとするなり、ブロックするなり、必死でやらなきゃいけないし、隙《すき》があれば反撃《はんげき》する姿勢を見せなきゃいけないと思う。

「ロッキー」役の人（シルベスター・スタローン）は、あれで成功したし、素人に見せる分には、あれはあれでいいのかもしれないけども、「一方的に打たれ続けて、何回もラウンドが続く」っていうことは、プロの世界としてはあってはならないことだと思いますね。

あれは、映画で観《み》たら面白《おもしろ》いけども、実際に見たら、片一方が打たれっぱなしの試合なんて、十回とか十五回とかまでは見てくれませんよ。そんなのはありえないことで、もう、「ゴング」、あるいは、「タオル」ですよ。

だから、漫画や劇画みたいなものとしてはいいかもしれないけども、やっぱり、プロとしては駄目ですね。

斎藤　でも、あれは、「プロ」としての試合ですよね？

イチロー守護霊　駄目です。プロじゃないですね。あれは素人《しろうと》です。アマチュアが出世する物語だと思いますね。

斎藤　ああ……。

イチロー守護霊　プロは、あれでは絶対駄目です。プロは、勝つべくして勝たなきゃ駄目ですね。

「メンタル」面から見て、星飛雄馬《ほしひゅうま》と花形満《はながたみつる》、どちらが上？

綾織　「燃え尽きない工夫」についてなのですが、これには二つあると思います。一つは、「ものすごく大きな志を立てて、それに向かっていく」ということです。もう一つは、「ある程度、中期的に目標が達成できた時点で、目標を更新《こうしん》していく」ということだと思います。

その際、志で自分を引っ張っていくための工夫には、どういうものがありますでしょうか。

イチロー守護霊　やっぱり、一つは、「メンタルな部分」だと思うんですけどね。だから、スタート点において、ハングリーな部分がない人は、見ていて弱いですね。最初から、あんまりちやほやされたような人は、やっぱり弱いです。

まあ、「巨人の星」みたいな古い話を何度もしてはいけないかもしれないけど、ときどきリバイバルがあるから言うとすれば、星飛雄馬《ほしひゅうま》みたいな、貧乏《びんぼう》でハングリーな少年が野球一徹《いってつ》でやる気持ちはよく分かりますよ。花形満《はながたみつる》は、天才バッターで、練習もろくにしてないのに、やたらスター選手みたいになっているけども、ああいう花形モータースの御曹司《おんぞうし》みたいなのは、そうは言ったって、メンタルにおいてはもろいと思いますね。

深く悩《なや》んだ分だけ「選手生命」が長くなる

イチロー守護霊　私の場合も、すごく努力したわりには、プロに入るとき、先ほど、あなたが読み上げた（作文の）内容に合ってない部分があったでしょう？

斎藤　はい。

イチロー守護霊　ね？　どうですか？　「ドラフト一位」だとか、「優勝」だとか、（契約金《けいやく》）「一億円」だとか、いろんなのがあるけど。

斎藤　そうですね。先ほどの「小学生のときの作文」では「ドラフト入団で契約金は一億円以上が目標」と書いてありました。ただ、実際には、「ドラフト四位で契約金は四千万円」でしたね。

イチロー守護霊　まあね。気持ち的には、甲子園で優勝でもしなきゃいけないんでしょうからね。

そういう意味では、屈辱《くつじょく》とか、劣等感《れっとうかん》とか、挫折感《ざせつかん》とか、そういうものは、当然、乗り越《こ》えてきてますよ。

ただ、そのときに悩《なや》みはありますけど、深く悩んだ分だけ、何て言うか、「選手生命」が長くなるね。

斎藤　ほう。選手生命が長くなるのですか。

イチロー守護霊　うん、長くなる。だから、悩まなくて、才能に長《た》けた人、あるいは、最初のスターティング・ポイントが高かった人は、落ち始めたときに、もろいな。

国民栄誉《えいよ》賞を辞退した「真の理由」とは？

斎藤　イチロー選手のエピソードで、ものすごく痛烈《つうれつ》な印象だったのは、政府が国民栄誉《えいよ》賞を差し上げようとしたときに、断られたことです。

イチロー守護霊　まあ……。

斎藤　あれは、なぜ断ったのですか。

イチロー守護霊　まあ、小泉《こいずみ》さん（当時の首相）に対して、非常に申し訳ないことだと思うけども、（メジャー）一年目で首位打者を取ったぐらいで、しかも、向こうが私を研究してないから取れた可能性があるわけで、そこで（国民栄誉賞を）もらってしまったら、翌年《よくとし》、大不振《だいふしん》だった場合、どうなるんですか？　プロ選手としては、一年で終わっちゃいますよ。国民栄誉賞までもらって打てなかったら、恥《は》ずかしくて、もう辞《や》めなきゃいけないじゃないですか。

やっぱり、そんなのは、どうでもいいことですよ。

斎藤　「賞」は、どうでもいい？

イチロー守護霊　それは、引退後にくれたらいいんであって、「私の値打ち」が確立してからくれればいいんです。そんなものを喜んでもらうなんて、そういう人間は駄目ですよ。

例えば、入社一年目で社長賞をもらうとか、ろくでもないですよ。こんな人の人生は、たぶん、ろくでもない。

入社して一年目で、まだ、才能も実績も十分じゃないけど、たまたま、なんかのフロック（fluke／偶然《ぐうぜん》の幸運）というか、いい偶然があり、何か大穴を当てて、大きな取り引きをまとめたとかね。そういうことはあるでしょう？　あるいは、何かを発明したとかね。

ただ、そういうことがあって、社長賞が出るようなことがあるかもしれないけども、そんなことで、一年目に社長賞なんかもらった人は、どうせ、二、三年したら独立するかなんかして辞めるしかなくなるように、きっとなるんですよ。そのへんは、やっぱりこらえどころだね。

だから、国民栄誉賞なんかクソ食らえですよ。「あんなものをもらって、選手生命を縮められてたまるものか！」っていう感じかなあ。

まあ、「最後まで首位打者だったら、もらってもいい」というぐらいの意気込みですよ。私は、「二年目からの大リーグはきつい。そんなに甘《あま》くない」と見ていたのでね。

世界の超一流とは「神」になること

綾織　「世界の一流の仕事をやり続ける条件」を、あえて言うならば、今までのお話からすると、「自分がうまくいかなかったときに、どのように、そこに向き合うか」ということになるかと思うのですが、そのへんについてはいかがでしょうか。

イチロー守護霊　いや、言いにくいですけど、ここは宗教団体らしいから、あえて言うよ。最初は、「無我《むが》」とか、いろいろ言ったけども、あえて、言いにくいけど言う。

それは、自分自身が「神」になることですよ、「世界の超《ちょう》一流になる」っていうことはね。

まあ、「神」と言っても、いわゆる大文字のGod、オールマイティー・ゴッドではないです。やっぱり、いろんな部門の神があって、それは「野球の神」であり、「バスケットの神」であり、「語学の神」であり、「ボートの神」であり、「書道の神」であるような、そういう意味での〝神〟です。「その分野における頂点」という意味での神ですけども、やっぱり、自分自身が神にならなければ、「世界の超一流」にはなれないんです。

それは、「自分より上があってはいけない」っていうことです。自分より「上」があれば神じゃない。

8　イチローの過去世《かこぜ》は有名な「剣豪《けんごう》」

王貞治《おうさだはる》の過去世《かこぜ》は「北辰一刀流《ほくしんいっとうりゅう》」の千葉周作《ちばしゅうさく》、イチローは？

斎藤　今、「神」という話が出たところで、最後に、イチロー選手の過去の転生《てんしょう》を訊《き》いていく必要があるかと思うのですが。

綾織　先ほど、日本刀の話が（笑）たくさん出ましたので、やはり、そのあたりから攻《せ》めていくのが……。

斎藤　そうですね。ここは一つ、「日本刀の秘密」について、少し掘《ほ》り下げましょうか。もし、よろしければ、過去の転生をお教えいただければと思います。

イチロー守護霊　まあ……、うん、「王貞治《おうさだはる》さん（の過去世《かこぜ》）が千葉周作《ちばしゅうさく》だった」というのは、聞いたことがありますが。

斎藤　そうです。千葉周作です（注。『英雄《えいゆう》かく生まれり　過去世物語　英傑《えいけつ》編』〔ザ・リバティ編集部編、幸福の科学出版刊〕参照）。

イチロー守護霊　千葉道場の……。

斎藤　はい。北辰一刀流《ほくしんいっとうりゅう》です。

イチロー守護霊　北辰一刀流のね。

斎藤　言わば、「一本足打法」が〝一刀流〟です。実際、荒川《あらかわ》コーチのもと、王選手が「真剣《しんけん》の日本刀」を使って打撃《だげき》フォームを模索《もさく》し、一本足打法を完成させた話は有名ですね。

イチロー守護霊　うーん……。日本の歴史で、いったい誰《だれ》がいちばん強かったのか。あんた、誰だと思う？

斎藤　そうですねえ。いやあ……。

イチロー守護霊　時代が違《ちが》うからね。確かに難しい。

斎藤　時代が違う？

イチロー守護霊　時代が違えば戦えないから、「誰がいちばん強かったか」っていうのは難しい。難しいことだけども誰だと思う？

斎藤　それでは、時間の短縮のために、どんどん言います（笑）。塚原卜伝《つかはらぼくでん》ですか。

イチロー守護霊　当たりです。

斎藤　おお！

イチロー守護霊　私は、「鹿島《かしま》の神」に霊力《れいりょく》を授《さず》かっていた身です。あれは剣の神様ですから。

綾織　うーん……。

斎藤　鹿島神宮《じんぐう》に縁《えん》のある、鹿島新当流《かしましんとうりゅう》の〝開祖〟ですね。

イチロー守護霊　そうです。けっこう全国に広まりました。それともう一つ、神様から霊流《れいりゅう》を引いていたので、そういう意味では「神剣《しんけん》」であったのです。「神剣」というのは「神」の「剣《けん》」です。私の剣は、「神の剣」なので、普通《ふつう》の剣では破れない。だから、一度も負けたことはありません。生涯《しょうがい》、一度も敗れたことがない。
全国に、塚原卜伝の「鹿島新当流」という流派を広めたという意味においては、非常に効果的な仕事をしたと思っている。
まあ、その意味で、今の、「世界的な人気」を得る道につながるものはあったというふうに考えております。

綾織　神からのご指導を受けていたのでしょうか。

イチロー守護霊　もちろんです。

綾織　その神とは、どういう存在なのですか。

イチロー守護霊　え？　まあ、当時では、「鹿島の神」ということになります。神社が建ってますよ。

綾織　はい、はい。

イチロー守護霊　神社がちゃんと建っておりますので、まあ、神様ですよ。

「一撃必殺《いちげきひっさつ》」でなければ自分が敗れる

イチロー守護霊　私と宮本武蔵《みやもとむさし》はどっちが強いか。それは、やってみないと分からない。千葉周作とどっちが強いか。柳生石舟斎《やぎゅうせきしゅうさい》（柳生新陰流《しんかげりゅう》）とどっちが強いか。それは、やってみないと分からないですけれどもね。ただ、私は、実戦で負けたことがない。

鹿詰児童公園（茨城県鹿嶋市）
にある塚原卜伝像

塚原卜伝《つかはらぼくでん》（1490 ~ 1571）
「剣聖《けんせい》」として名高い、戦国時代の剣術家で、鹿島新当流《かしましんとうりゅう》の開祖。常陸《ひたちの》国《くに》出身。鹿島神宮《じんぐう》の神官である鹿島氏の四家老・卜部《うらべ》家に生まれ、のち、当地の豪族・塚原家の養子となる。剣の修行《しゅぎょう》として、幼少時から鹿島中古流と天真正伝《てんしんしょうでん》香取《かとり》神道流《しんとうりゅう》を修め、やがて、秘剣「一《いち》の太刀《たち》」を会得。全国武者修行にも３度出る。真剣試合 19 回、木刀試合数百回、合戦 37 回の出陣《しゅつじん》。少なくとも 212 人を倒《たお》したとされ、「生涯《しょうがい》無敗」といわれる。また、その兵法の一端は「卜伝百首」等に伝えられている。

綾織　「一《いち》の太刀《たち》」ということで、非常に有名だったと伺《うかが》っているのですが、これは、どういうものなのですか。

イチロー守護霊　うーん……。

綾織　今のイチロー選手に通じるものなのでしょうか。

イチロー守護霊　うん、だから、野球で、バットを二回振《ふ》っていいならねえ。

斎藤　ああ、「一回で倒《たお》す」ということですか。

イチロー守護霊　ええ？　あなた、二回振っていいんだったら、それは……。

綾織　一撃必殺《いちげきひっさつ》ですか。

イチロー守護霊　そりゃ、そうでしょう？　一撃でしょう。やはり、「ここで逃《のが》したら終わり」でしょう。

佐々木小次郎《ささきこじろう》は、「一の太刀はかわせても、二の太刀はかわせない」なんていうのを売りにしてたでしょう？

斎藤　いわゆる「ツバメ返し」ですか。クイッ、クイッと。

イチロー守護霊　そうそう。駄目《だめ》です。

斎藤　「ツバメ返し」は駄目ですか。

イチロー守護霊　一の太刀を外されるようではねえ、こんなの、超《ちょう》一流とは言えませんわ。一の太刀っていうのは、いちばん力が入っている太刀ですので、これを外されるんだったら、こんなのは一級品じゃないですよ。武蔵に敗れて当然です。

一の太刀を外されるようでは駄目ですよ。一の太刀で斬《き》ってしまわなければ、絶対に駄目です。

「一の太刀を外される」ということは、「間合《まあ》いが計算できない」っていうことでしょう？　これは駄目です。

9　ヤンキー・スタジアムなど小さい！

今、日本的精神でアメリカを〝斬《き》り拓《ひら》いて〟いる

綾織　過去には、いろいろな剣豪《けんごう》の方がいらっしゃいましたが、幸福の科学の霊《れい》査《さ》によれば、今世《こんぜ》は政治家になったり、言論人になったり、プロ野球選手になったりしているようです。

イチロー守護霊　うん、そう。いろいろとね。まあ、ただ、「多くの〝支持率〟が要《い》る」っていうところでは、みんな一緒《いっしょ》だね。

綾織　支持率？

イチロー守護霊　政治家であろうと、言論人であろうと、野球をやる人であろうと、「多くの人からの支持や人気がなければ成功しない」という意味では一緒だね。

綾織　なるほど。

イチロー守護霊　うーん。

綾織　分かりました。

斎藤　今、「その剣豪の部分が、世界的な人気につながっている」というお言葉もありましたが……。

イチロー守護霊　だから、私は今、アメリカで、君たちが「行きたい」というヤンキー・スタジアム（大川隆法講演会の将来的な開催《かいさい》候補地。『バラク・オバマのスピリチュアル・メッセージ』〔幸福実現党刊〕参照）を、日本的精神で〝斬《き》り拓《ひら》いて〟るんだよ。

綾織　ありがとうございます。

ヤンキー・スタジアムが大きく見えるなら超《ちょう》一流にはなれない

斎藤　今、球場の話まで出てきましたが、「ヤンキー・スタジアム」と言えば、ニューヨークにあります。これを見ていただきたいのですが……（スタジアムの模型を掲《かか》げてみせる）こちらがその球場です。

イチロー守護霊　ヤンキー・スタジアム？　君らは、何を……。

斎藤　（笑）はい。これは、今日の収録が決まったときに、当会の国際本部から預《あず》かったものです。

イチロー守護霊　君らねえ、ヤンキー・スタジアムで、講演会をすることぐらい、恐《おそ》れているなんて、そんな小さな組織じゃ、話にならない。

綾織　なるほど。

イチロー守護霊　そんな二流の組織で、私も、話なんかしたくはないんだよ！　はっきり言って。

斎藤　さらに、こちらも出てまいりました。

イチロー守護霊　ああ？　何だね？

斎藤　（両手でペナントを広げる）これは、現地のスタジアムで売っている記念のペナントでございます。

イチロー守護霊　君、オタクだね。ほんまものの（会場笑）。ええ？

斎藤　これは、今日、国際本部の方から預かってまいりました。

イチロー守護霊　オタクだね。

斎藤　はい、そうです（笑）。

イチロー守護霊　ただね、あれが大きく見えるっていうのでは、やっぱり駄目《だめ》だね。

斎藤　はい、これも出てきましたよ。これが、ヤンキー・スタジアムの記念の硬《こう》式《しき》ボールですよ（ボールを見せる）。

イチロー守護霊　けっ！

斎藤　これがヤンキー・スタジアムですね（会場笑）。

イチロー守護霊　君ねえ、〝殿堂入《でんどうい》り〟できるわ。

綾織　（笑）

イチロー守護霊　オタクの殿堂に入れる。

斎藤　ええ。国際本部、ありがとうございます。

イチロー守護霊　オタクの殿堂というのに入ったらいい（笑）。

綾織　先ほど「ヤンキー・スタジアムは小さい」と？

イチロー守護霊　小さいよ。あんな、五万人が観《み》ているぐらいでねえ、「ホームランが打てない」とか「ヒットが打てない」とか言うような、その程度の選手なんて、入る資格もない。

だからさ、あれが大きく見えるならね、君らは、超《ちょう》一流には絶対になれない。

綾織　なるほど。

イチローとヤンキー・スタジアム

イチロー選手が所属するニューヨーク・ヤンキース。そのフランチャイズ球場であるヤンキー・スタジアムには、特注のトレーニング機材を設置したイチロー専用ジムがある。イチロー選手は、筋力増強よりも、全身の筋肉をストレッチして柔軟性《じゅうなんせい》を高めることを重視。自宅や実家、自主練用の球場や宿舎等でも特注機材で鍛練《たんれん》を続けている。(「ウォール・ストリート・ジャーナル」2013年3月5日参照)

斎藤　はあ……。

イチロー守護霊　小さい。

プロフェッショナルとしての「厳しさ」を持て！

綾織　私たちが、そこを乗り越《こ》えていくには、どうしたらよいのですか。

イチロー守護霊　小さい。たかがねえ、「野球のボール打ち」が、あんなところで楽々とこなしているのに、「世界を救おう」なんていう人が、それが大きく見えるようじゃ話にならないしさあ、それで弟子《でし》が、組織でもって手伝ってるつもりでいるなら、それは恥《は》ずかしいことですよ！　はっきり言って。

一人ででもやれるところですから、世界や日本に組織を持っているのに、それくらいで大きく見えるのなら、辞表を書きなさいよ。そんなやつはプロじゃねえ。

斎藤　うーん……。

イチロー守護霊　「自分に対する厳しさ」が足りないわ。「仕事に対する厳しさ」が足りない！

綾織　やはり、「バット一つで人の感動を呼ぶ」ということと同じように、「言葉一つで、人の心を動かせないと駄目だ」と？

イチロー守護霊　駄目ですね。やっぱり、信仰《しんこう》として「超一流」になってないんだと思うわ。

宗教はいっぱいあるよ。ね？　そのなかで、教祖としての「教祖力」の違《ちが》いもあるけれど、ただ、弟子のほうの力の違いもある。

だから、教えの内容のよし悪《あ》しは、まあ、いろいろあるかもしれないし、それの競争もあるかもしれない。それから、教祖としての力の差もあるかもしれない。しかし、「弟子としての信仰の力の強さの違い」も、やっぱり、あるんじゃないかねえ。

イチローのバットは「ライトセーバー」？

イチロー守護霊　鹿島流《かしまりゅう》と言ったって、鹿島の神の霊流《れいりゅう》を引くには、やっぱり、「剣禅一如《けんぜんいちにょ》」じゃないけども、「剣」と「無我《むが》の心」でもって、神とつながっているところに、一直線に雷《かみなり》を引いてくるようなつもりだ。

今の時代だったら、あなたがたは、「スター・ウォーズ」を観てるでしょう？

斎藤　はい。

イチロー守護霊　あの「スター・ウォーズ」の剣は、普通《ふつう》の剣じゃなくて、ライトセーバーでしょう?

斎藤　ライトセーバーです。

イチロー守護霊　ねえ。光の剣でしょう?

斎藤　光っています。

イチロー守護霊　あれが使えるのは特殊《とくしゅ》な人……、何て言うんだっけ？

綾織　ジェダイの騎士《きし》です。

イチロー守護霊　ジェダイね？　ジェダイの騎士でしょう？　だから、私の剣は、〝ジェダイの剣〟なんですよ、はっきり言えば。

斎藤　おおお！

イチロー守護霊　うん。光の剣。

斎藤　〝ジェダイの剣〟ですか。光っているのですか。

イチロー守護霊　ええ、光の剣なんです。

斎藤　はあ……。

イチロー守護霊　神様の「霊流」がかかっているから、私に立ち向かったら、鉄の剣ぐらいじゃ、相手は勝てないんですよ。

斎藤　塚原卜伝《つかはらぼくでん》は、二百十二人ぐらい倒《たお》したという伝説が……。

イチロー守護霊　ええ。何人やったって一緒ですよ。

斎藤　はあ……。

イチロー守護霊　私のは「神の剣」ですから。神剣《しんけん》で、光の剣で、ライトセーバーですから。ライトセーバーと普通の剣でやったら、もう話にならんでしょう?

斎藤　普通の剣では勝てないですよね。

イチロー守護霊　ええ。そういうことです。まあ、そういう意味で、おたくのところの先生が、本当の「マスター」なんだったら、〝ライトセーバー〟を持ってるはずです。

斎藤　なるほど。

10 「世界最高」を目指そう！

大川隆法に対して感じている「いいもの」

綾織　ありがとうございます。

今後、弟子《でし》としては、しっかりと修行《しゅぎょう》をして頑張《がんば》っていきたいと思うのですが、イチロー選手の守護霊様からご覧になった大川隆法総裁は、どのように見えるのでしょうか。

イチロー守護霊　うーん……。まあ、ちょっと、それは……。鹿島《かしま》の神よりは、だいぶ偉《えら》いようだから……。

綾織　そうですね。

イチロー守護霊　これを分析《ぶんせき》するのは、ちょっと任に堪《た》えない部分はあります。やっぱり、私は、一つの部門での頂点ではあるけど、こちら（大川隆法）は、いろいろなことをやっているので、もっと幅《はば》が広いでしょう？

こちらは、どちらかというと、まあ、ヤンキースの選手というよりは、うーん……、オーナーのほうに近いような感じがするのでね（笑）。まあ、経営力みたいなものまで加わってくるので、若干《じゃっかん》、話が違《ちが》ってきて分からないのですが。

でも、なんか、いいものを感じますよ。

やっぱり、私も、多少なりとも、「世の中を励《はげ》ましたい」と思って戦っているんですよ。「日本人に自信を与《あた》えたいし、日本の精神を世界に広めたいし、世界の人々に希望を与えたい」っていう気持ちは、私なりに持っているんです。
ただ、こちらは宗教家だから、きっと、もっともっと本道《ほんどう》を歩まれるんでしょう。だけど、やっぱり、感じるものはありますよ。

斎藤　禅宗《ぜんしゅう》の僧侶《そうりょ》としても過去に転生《てんしょう》していた「宗教」という点で見たときに、イチロー選手にも信仰心《しんこうしん》を非常に感じるのですが……。

イチロー守護霊　いや、私も、まあ、ある意味で〝教祖〟ですから。

斎藤　教祖？

イチロー守護霊　〝教祖〟です。うん。

斎藤　先ほど、「無我《むが》」など、いろいろな仏教の言葉が出てきましたし、今も、お坊《ぼう》さんのような三分刈《ぶが》りぐらいにされていますし……。

イチロー守護霊　ハッハハハハ……。そう、そう。

斎藤　過去の転生《てんしょう》で、仏教や神道《しんとう》などの宗教的な縁《えん》がほかにもあるのではないでしょうか。もう一つぐらい、何かお教えいただけましたら……。

イチロー守護霊　まあ、やっぱり、禅宗《ぜんしゅう》だよね。

斎藤　禅宗のお坊さんだったのですか。

イチロー守護霊　うん。

斎藤　坊主《ぼうず》ですか。

イチロー守護霊　うん、まあ……。「坊主」って言い方……（笑）。

斎藤　いやいやいや。

（笑）はい。では、分かりました。「お坊さん」なんですね！　これも同じか……（笑）。

イチロー守護霊　あんた、「坊主」ってねえ、宗教家にバカにされたような……。

斎藤　いえいえ。今、尊敬の思いを込《こ》めて言ったのですが（苦笑）。

イチロー守護霊　宗教家にバカにされたような……。それはないでしょう？

「スポーツ霊界《れいかい》」はどんな世界？

大川真輝　少し話は変わるのですが、最後に、スポーツの霊界《れいかい》とは、どのようになっているのでしょうか。

イチロー守護霊　うん？　ああ、スポーツの霊界？

大川真輝　はい。

イチロー守護霊　うーん、スポーツ自体の霊界は、そんなに年数が深くないのでね。まあ、いろいろな競技は昔からありましたけど、スポーツ霊界自体は年数が浅い。

実際には、やっぱり、古代のいろいろな戦《いくさ》なんかでの、槍《やり》の名手とか、弓の名手とか、剣《けん》の名手とかね。あるいは、レスリングや相撲《すもう》みたいなものは、昔もあったから、そういう力比べとかで、すごくスター的な存在だったような人が、今、いろいろな選手として出ているんじゃないでしょうかね。

だから、スポーツ霊界っていうのは、わりあい「最近の霊界」だとは思いますけど、まあ、「平和な世の中」用の〝あれ〟かね。

昔は、戦《いくさ》をやっていたんでしょうけども、今は、〝そちら〟になっているっていうところかねえ。

うーん……、まあ、でも、霊界を見ていると、どちらかと言ったら、「道を究《きわ》めるタイプの人」と「エンターテイナー系の人」と、二つの極端《きょくたん》があって、その中間帯に、いろいろといるような感じかな。

ただただ道を究《きわ》めていくなかで「批判」が「称賛《しょうさん》」に変わる

綾織　はい。ありがとうございます。

本日は、「世界の頂点を目指す一流のプロフェッショナルの条件」ということでお話を伺《うかが》ってきました。本当にありがとうございました。

イチロー守護霊　いや、私ごときが、日本の大会社の社長や総理大臣よりも高い年収を頂いて、まことにまことに恐縮《きょうしゅく》です。

綾織　いえいえ、とんでもないです。

イチロー守護霊　単なる〝球打《たま》ち〟ですよ。球を打っても、それ自体は何の値打ちもありゃあしない。何の値打ちもないけれども、「ほかの人ができないことをする」ということですよ。

例えば、エベレストを登るのだって、普通《ふつう》の人には登れないから、登ったら尊敬されるし、高齢《こうれい》で登れば、さらに尊敬される。要するに、人ができないことをすれば尊敬されるんですね。

ここ（幸福の科学）だって、実は、人のできないことをしていらっしゃるわけでね。いろいろな批判とか、抵抗《ていこう》とか、邪魔《じゃま》とか、悪口とかあると思うんですけども、どうか、そういうものに屈《くっ》しないで、ただただ道を究《きわ》めていくことが大事なんじゃないかと思うんですよ。

やり続けていく人に対しては、みんな、だんだん黙《だま》ってきますから。そして、その悪口や批判が称賛《しょうさん》に変わっていきます。

ただ、称賛に変わるまでの間は、一年やそこらではなくて、そんな簡単には変わらない。

まあ、歌手なんかでも、たまにヒットが出る場合はありますけども、長く続いている人には、必ず、その裏の「隠《かく》れた部分」がある。

そういう人は、やっぱり、「人生そのものの成功」と、「自分の職業の成功」とが、必ず一体化してるし、最後は「神との一体化」というのかな？　そこまで考えてないと、「世界の超《ちょう》一流」には絶対になれないね。

ゴジラ松井《まつい》氏も、家は新宗教の教祖のところだということで、跡《あと》を継《つ》がれるのかどうか。まあ、継いでも、けっこう人気が出るかもしれないけども、あそこもきっと、何らかの霊流《れいりゅう》を引いてるよ。間違いなく引いてると思う。あそこがどんな神様かは知らんけども、引いているだろうと思うので、実は、（自分と）似たようなものだろうと推定はしますけどね。

野球の本場アメリカで活躍《かつやく》し、「日本の自信」を取り戻《もど》したい

イチロー守護霊　私は、宗教についてはプロじゃないので、たかがスポーツ選手が簡単に批評しちゃならないことだとは思うけれども、大川総裁は、うーん……、すごく人を高めるものを持ってるような気がします。

私も「背中」で勝負している人間だけども、きっと、「背中」で人を引っ張っていく人になるんじゃないかなあ。

私なんかも、かすかではあるけども、何て言うかな、アメリカ人が日本人に対して圧倒《あっとう》的な優越《ゆうえつ》感を持っていて、蔑《さげす》まれているっていう、あなたがたが言うよ

うな自虐史観《じぎゃく》を跳《は》ね返すために頑張ってる面はありますのでね。つまり、こうした「野球」っていうアメリカ産のもので、アメリカに斬《き》り込んでやるわけだ。

かつて、自動車産業で世界一だった、アメリカのデトロイトが、今、破産状態になっているんでしょう？　まあ、日本車なんかが頑張って、アメリカの自動車産業は潰《つぶ》れた。

そういうふうに、「野球はアメリカ」っていうところに、今、日本野球が斬り込んでいって、やってるわけでして、アメリカの自信を崩《くず》して、日本の自信を取り戻《もど》しているところがある。

それは、政治でもやらなきゃいけないし、経済でもやらなきゃいけないし、それから、宗教でも、やっぱり、アメリカを超《こ》えていかなきゃいけないんだろうと思うんですね。

まあ、最後は、やっぱり、そうした思想的なもの、哲学《てつがく》的なものが上だろうとは思います。「アメリカ的なものが全部、上だ」っていう思想が、戦後七十年ぐらいずっと続いてるんだろうけど、やっぱり、どこかで超えてほしいとは思う。ただ、これは、私にはできないことです。私は、「スポーツ選手として世界最高の数字まで行けるかどうか」の戦いだけが待っていますけれども、まだ、こちらは、違った分野で世界を目指せるんじゃないかと思うので、陰《かげ》ながら応援《おうえん》しております。

綾織　ありがとうございます。淡々《たんたん》と頑張ってまいります。

斎藤　ありがとうございました（会場拍手《はくしゅ》）。

イチロー守護霊　はい。

あとがき

そうではないかと薄々《うすうす》感じてはいたが、やはりイチローの過去世《かこぜ》は、天下の剣《けん》豪《ごう》であったか。

やはり、道を切り拓《ひら》いて天下に名を轟《とどろ》かす者は、非凡な何かを秘めている。

私も高校時代と大学時代に剣道部にいたことがあり、木刀や日本刀による居合抜きも少々たしなんだこともあるが、イチローが「剣禅一如《けんぜんいちにょ》」の境地にあることはよくわかる。自分も数千人数万人の聴衆の前で大講演会をする時は、文字通りの「真剣勝負」に臨《のぞ》んでいるつもりである。

私のことはさておいて、世界一を目指す男には魅力がある。現代の塚原卜伝《つかはらぼくでん》よ、大リーグを制覇《せいは》して日本人に勇気を与え、世界の人々にも感動を与えてほしい。ご成功を祈っている。

二〇一三年　九月三日

幸福《こうふく》の科学《かがく》グループ創始者兼総裁《そうししゃけんそうさい》　大川隆法《おおかわりゅうほう》

『天才打者イチロー　４０００本ヒットの秘密』大川隆法著作関連書籍

『仕事と愛』（幸福の科学出版刊）

『バラク・オバマのスピリチュアル・メッセージ』（幸福実現党刊）

天才打者《てんさいだしゃ》イチロー 4000本《ぼん》ヒットの秘密《ひみつ》

――プロフェッショナルの守護霊は語る――

2013年9月18日　初版第1刷

著　者　　大《おお》川《かわ》隆《りゅう》法《ほう》

発行所　　幸福の科学出版株式会社

〒107-0052 東京都港区赤坂2丁目10番14号
TEL(03)5573-7700
http://www.irhpress.co.jp/

印刷・製本　株式会社 堀内印刷所

落丁・乱丁本はおとりかえいたします

ISBN978-4-86395-390-1 C0030
写真：Jim McIsaac/Getty Images

大川隆法ベストセラーズ・ビジネスパーソンへ贈る

英語が開く「人生論」「仕事論」

知的幸福実現論

あなたの英語力が、この国の未来を救う——。国際的な視野と交渉力を身につけ、あなたの英語力を飛躍的にアップさせる秘訣が満載。

1,400円

サバイバルする社員の条件

リストラされない幸福の防波堤

能力だけでは生き残れない。不況の時代にリストラされないためのサバイバル術が語られる。この一冊が、リストラからあなたを守る!

1,400円

不況に打ち克つ仕事法

リストラ予備軍への警告

仕事に対する基本的な精神態度から、ビジネス論・経営論の本質まで。才能を開花させ、時代を勝ち抜くための一書。

2,200円

※表示価格は本体価格(税別)です。

大川隆法ベストセラーズ・ビジネスパーソンへ贈る

繁栄思考

無限の富を引き寄せる法則

豊かになるための「人類共通の法則」が存在する——。その法則を知ったとき、あなたの人生にも、繁栄という奇跡が起きる。

2,000円

Think Big！

未来を拓く挑戦者たちへ

できない言い訳よりも、できる可能性を探すことに、人生を賭けてみないか——。人生を切り拓くための青春の指針。

1,500円

仕事と愛

スーパーエリートの条件

仕事と愛の関係、時間を生かす方法、真のエリートの条件——。仕事の本質と、具体的な方法論が解き明かされるビジネスマン必携の書。

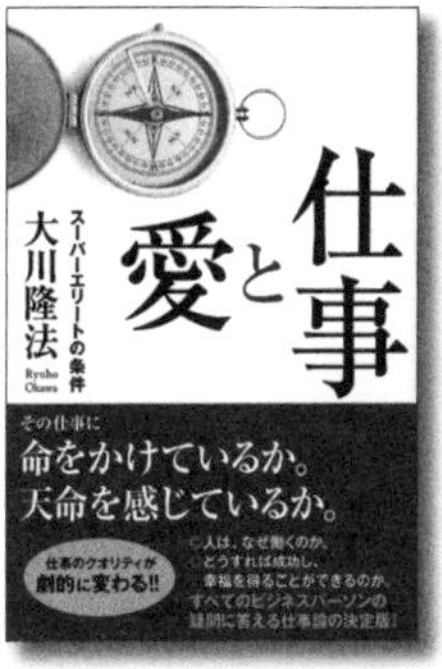

1,800円

大川隆法霊言シリーズ・経営者の霊言

ダイエー創業者
中内㓛・衝撃の警告
日本と世界の景気はこう読め

中国にも、20年不況がやってくる!? 安売りでこれからの時代を乗りきれるのか!? 経営のカリスマが天上界から緊急提言。

1,400円

稲盛和夫守護霊が語る
仏法と経営の厳しさについて

実戦で鍛えられた経営哲学と、信仰で培われた仏教精神。日本再建のカギとは何か――。いま、大物実業家が、日本企業の未来にアドバイス!

1,400円

井深大「ソニーの心」
日本復活の条件

「日本のものづくり」を、このままでは終わらせはしない! ソニー神話を打ち立てた創業者・井深大が、日本産業界に起死回生のアドバイス。

1,400円

※表示価格は本体価格(税別)です。

大川隆法 霊言シリーズ・そのヒットの秘密に迫る

AKB48 ヒットの秘密

マーケティングの天才・秋元康に学ぶ

放送作家、作詞家、音楽プロデューサー。30年の長きにわたり、芸能界で成功し続ける秘密はどこにあるのか。前田敦子守護霊の言葉も収録。

1,400円

「宮崎駿アニメ映画」創作の真相に迫る

宮崎アニメの魅力と大ヒット作を生み出す秘密とは？ そして、創作や発想の原点となる思想性とは？ アニメ界の巨匠の知られざる本質に迫る。

1,400円

村上春樹が売れる理由

深層意識の解剖

独自のマーケティング手法から、創作の秘密、いままで語られなかった人生観、宗教観、政治観まで。ベストセラー作家の深層意識を解剖する。

1,400円

大川隆法ベストセラーズ・希望の未来を切り拓く

未来の法

新たなる地球世紀へ

暗い世相に負けるな！ 悲観的な自己像に縛られるな！ 心に眠る無限のパワーに目覚めよ！ 人類の未来を拓く鍵は、一人ひとりの心のなかにある。

2,000円

ミラクル受験への道

「志望校合格」必勝バイブル

受験は単なるテクニック修得ではない！「受験の意味」から「科目別勉強法」まで、人生の勝利の方程式を指南する、目からウロコの受験バイブル。

1,400円

教育の使命

世界をリードする人材の輩出を

わかりやすい切り口で、幸福の科学の教育思想が語られた一書。イジメ問題や、教育荒廃に対する最終的な答えが、ここにある。

1,800円

幸福の科学グループのご案内

宗教、教育、政治、出版などの活動を通じて、地球的ユートピアの実現を目指しています。

宗教法人　幸福の科学

一九八六年に立宗。一九九一年に宗教法人格を取得。信仰の対象は、地球系霊団の最高大霊、主エル・カンターレ。世界百カ国以上の国々に信者を持ち、全人類救済という尊い使命のもと、信者は、「愛」と「悟り」と「ユートピア建設」の教えの実践、伝道に励んでいます。

（二〇一三年九月現在）

愛

幸福の科学の「愛」とは、与える愛です。これは、仏教の慈悲《じひ》や布施《ふせ》の精神と同じことです。信者は、仏法真理をお伝えすることを通して、多くの方に幸福な人生を送っていただくための活動に励んでいます。

悟り

「悟り」とは、自らが仏の子であることを知るということです。教学《きょうがく》や精神統一によって心を磨き、智慧《ちえ》を得て悩みを解決すると共に、天使・菩薩《ぼさつ》の境地を目指し、より多くの人を救える力を身につけていきます。

ユートピア建設

私たち人間は、地上に理想世界を建設するという尊い使命を持って生まれてきています。社会の悪を押しとどめ、善を推し進めるために、信者はさまざまな活動に積極的に参加しています。

国内外の世界で貧困や災害、心の病で苦しんでいる人々に対しては、現地メンバーや支援団体と連携して、物心両面にわたり、あらゆる手段で手を差し伸べています。

年間約３万人の自殺者を減らすため、全国各地で街頭キャンペーンを展開しています。

公式サイト　www.withyou-hs.net

ヘレン・ケラーを理想として活動する、ハンディキャップを持つ方とボランティアの会です。視聴覚障害者、肢体不自由な方々に仏法真理を学んでいただくための、さまざまなサポートをしています。

公式サイト　www.helen-hs.net

INFORMATION

お近くの精舎・支部・拠点など、お問い合わせは、こちらまで！

幸福の科学サービスセンター

TEL. 03-5793-1727（受付時間 火～金：10～20時／土・日：10～18時）

宗教法人 幸福の科学 公式サイト **happy-science.jp**

教育

学校法人
幸福の科学学園

学校法人 幸福の科学学園は、幸福の科学の教育理念のもとにつくられた教育機関です。人間にとって最も大切な宗教教育の導入を通じて精神性を高めながら、ユートピア建設に貢献する人材輩出を目指しています。

幸福の科学学園

中学校・高等学校（那須本校）

2010年4月開校・栃木県那須郡（男女共学・全寮制）

TEL 0287-75-7777

公式サイト happy-science.ac.jp

関西中学校・高等学校（関西校）

2013年4月開校・滋賀県大津市（男女共学・寮及び通学）

TEL 077-573-7774

公式サイト kansai.happy-science.ac.jp

幸福の科学大学（仮称・設置認可申請予定）

2015年開学予定

TEL 03-6277-7248（幸福の科学 大学準備室）

公式サイト university.happy-science.jp

仏法真理塾「サクセスNo.1」

小・中・高校生が、信仰教育を基礎にしながら、「勉強も『心の修行』」と考えて学んでいます。

TEL 03-5750-0747（東京本校）

不登校児支援スクール「ネバー・マインド」

心の面からのアプローチを重視して、不登校の子供たちを支援しています。

また、障害児支援の「**ユー・アー・エンゼル!**」運動も行っています。

TEL 03-5750-1741

エンゼルプランV

幼少時からの心の教育を大切にして、信仰をベースにした幼児教育を行っています。

TEL 03-5750-0757

NPO 活動支援

学校からのいじめ追放を目指し、さまざまな社会提言をしています。また、各地でのシンポジウムや学校への啓発ポスター掲示等に取り組むNPO「いじめから子供を守ろう！ネットワーク」を支援しています。

公式サイト mamoro.org

ブログ mamoro.blog86.fc2.com

相談窓口 TEL.03-5719-2170

政治

幸福実現党

内憂《ないゆう》外患《がいかん》の国難に立ち向かうべく、二〇〇九年五月に幸福実現党を立党しました。創立者である大川隆法党総裁の精神的指導のもと、宗教だけでは解決できない問題に取り組み、幸福を具体化するための力になっています。

党員の機関紙
「幸福実現NEWS」

TEL 03-6441-0754
公式サイト hr-party.jp

出版 メディア 事業

幸福の科学出版

大川隆法総裁の仏法真理の書を中心に、ビジネス、自己啓発、小説など、さまざまなジャンルの書籍・雑誌を出版しています。他にも、映画事業、文学・学術発展のための振興事業、テレビ・ラジオ番組の提供など、幸福の科学文化を広げる事業を行っています。

TEL 03-5573-7700
公式サイト irhpress.co.jp